クレシェンツォのナポリ案内
ベッラヴィスタ氏見聞録

La Napoli di Bellavista

ルチャーノ・デ・クレシェンツォ
LUCIANO DE CRESCENZO

谷口伊兵衛／G・ピアッザ 訳
Taniguchi Ihei／Giovanni Piazza

而立書房

クレシェンツォのナポリ案内
――ベッラヴィスタ氏見聞録――

本文中に書かれている事柄は，明記してある場合を除き，写真と必ずしも符合しているわけではありません

Luciano De Crescenzo:
La Napoli di Bellavista
Sono figlio di persone antiche
Copyright ©Luciano De Crescenzo
First published by Mondadori Editore, Milan, 1979
Japanese language translation rights arranged with Luciano De Crescenzo c/o Grandi & Associati, S.r.l. Milan through Tuttle-Mori Agency, Inc., Tokyo

私は"年取った"両親の息子だ

私が生まれたとき，父は50歳，母は45歳だった。青春の初期はパッロネットと海との途中にあるサンタ・ルチーアで過ごした。家は広かったし，とにかく当時の私にはそう見えた。両親と姉のほかに，祖母（父は"御袋（ジェニトリーチェ）"と呼んでいた）と，母方の私の10人のおじのうちの数人が一緒に住んでいた。こういうことをいうのは，私が古くから住みついたナポリ人の群れの中で育ったという事実を示さんがためである。彼らの人生観，思考法，公式の言語，食習慣，これらすべては今日ではナポリの市民生活から実際上消滅してしまった世界に属していたのだが，それでも依然として，それらはいつも私には好ましくて貴重なものなのだ。

なつかしく想い出すのは，教会指定の祝祭日における宴会，シュロの枝で祝福を施してくれた祖母，自家製トマトソースの入った瓶，復活祭の1週間前に生きたまま持ってこられて，私が子供らしく涙する内に屠殺された小羊，ナポリでよく言われているように，鍋から取り出されて料理台の上に置かれるや否や，ぱくっと口の中に盗まれて食べられてしまう，小さなフライのこね粉菓子，といったものである。

1935–1940年のナポリ。暮らしを立てる術（すべ）に初めて触れるようになったのは，私がチェンツィーノと識り合ったときだった。短か過ぎる合コートを着用し（袖はかろうじて肘の上に達していた），ひょろ長いチェンツィーノは，何を頼まれても，すぐにやってくれた。彼のモットーは，「チェンツィーノはいつもあなたのためにある！」だった。

古物商，配管工，壁紙屋，工具なしの大工，出前床屋，結婚斡旋人，シャッター修理屋，臨時給仕人，5月4日〔独立記念日〕の家具運搬人，善意の（ママ）偽証者……これで止めておこう。なにしろ，チェンツィーノの全職業を列挙しようとしても，とてもできまいからだ。ときどき彼は私たちの家にやって来たが，かならず手に何か包みを持っていた。それは私たちだけが評価しうるような"掘り出し物"で，これを彼は売ろうとしていたのだった。たいてい，それは手作りのラードの入った鍋か，中古の靴だった。彼はサンタ・ルチーアの全住民の靴のサイズを知っていた。

当時，わが家にはエミーリアという，サン・ジョルジョ・ア・リーリ出身のきれいな若いお手伝いさんがいた。紅い頬と丈夫な胴をした，戦前の美人タイプだった。エミーリアは船員たちが大好きで，私たちが日曜日に公園に散歩に出かけたとき，二人で離れたり，また突然三人——私，彼女，そして婚約者——になったりした。初日に"彼"は「かわいそうな母さん子」と言われたが，後にはほかのみんなと同様に，どうしても「ど助平な悪党」になってしまった。エミーリアを観察していて，私は人生の機密についてなにがしかの知識を得たのだった。

わが家のごく近くに，大きな菓子屋があった。有名なペルジーナのシールの時代——まったくのマニア——だった。今でもなお，野蛮なサラディン，北京犬，蝶々夫人，アラミスやその他多くのものを憶えている。店の持ち主は二人のオールド・ミスだった。あるとき，チョコレートを買えるかもと考えて，私は書き物机の引き出しの中に見つけた偽の5リラ銀貨を差し出したことがある。すると彼女らは私の父の元に駆けつけてきたため，私は梶棒で一撃され，ひどい目に遭ったのだった。

聖女ルチーア教会の前で施しを乞うている乞食のことを想い出す。母は日曜日ごとに小銭を彼に与えたし，私たちが家でお菓子を食べたときには，彼のところに小さな菓子包みを持って行くのだった。食事時に私が肉の脂身を食べるのを拒むと，父はひどく立腹して，この乞食を例に出して言うのだった。「教会の前にいるあの哀れな男のことを思え，望遠鏡でも肉なぞ見えないのだぞ！（仕方ないことながら，私たちが彼のところに持っていったのはお菓子だけだったのだ！）これ（私の母）がお前を甘やか

しているが，これがいなけりゃ，お前をきっと飢え死にさせてやるぞ。アルバニアで儂はゴキブリ入りの糧食だって食ったんだ，畜生め!!!」

「見上げたものだわ！」と母は応じて，私のためにごく小さな断片に切り続けるのだった。

私たちの家にいたおばの一人は，私たち子供をみんな海辺へ連れて行き，食欲をかき立ててくれたものだった。カラッチョロ通りで，私たちを一列に並ばせて，叫んだものだった。

「深呼吸しなさい。では，１，２，３，はいっ！ 海の空気には鉄分とヨー素が含まれているのよ。もう一度吸って！ では，１，２，３，はいっ！」

私たちは貧血症で，しかも"金持ち紳士の子たち"だったのだ。

今日，ナポリ市の最古の路地の中を散歩していると，しばしばでくわす人びとや環境が私を何らかの形でこの幼年時代へ連れ戻してくれるのである。私がそれらに魅せられるのは人間として当然なのだ。もしも私にパリッツィとかミリアーロのような才能があれば，きっとあの時代の実態や気分を捉えてキャンバスの上に再現しようと試みることであろう。けれども技術の腕ききの落とし子として，私は我流でナポリの写真を摂るだけに止めたい。それぞれの絵を拡大することにより，まるでこの都市の魂を発見できるとでもいうかのような具合に。

けれども誤解を避けるために，私はいくつかの点を明らかにする必要があると思う。

（１）ナポリ人の生活状態に私が満足しているとは思わないで頂きたい。自分の息子に身体的障害があるがゆえに，父親がこの息子を特別に可愛がるということがときにはありうる。だからといって，この父親がこの身体的障害そのものを好んでいて，それを取り除くための一切のことをしない，ということを意味しない。

（２）本書を繙いていて，面白い写真とかしゃれに出くわしたとしても，ある状況の"滑稽性"とその背後にある現実の"悲劇性"とを近づけたことを冒瀆的だとは判断しないで頂きたい。

私個人の確信していることなのだが，"滑稽性"とは，ナポリ人が抱えている幾千の問題を何とかして覆うために纏う衣服に過ぎないのである。エドゥアルド，トト，ラファエレ・ヴィヴィアーニによる，ナポリの真のユーモアは，背景としていつも，日常の生存の悲劇を持っていたのだ。ナポリでは，アラブの宿命論をギリシャの英知に，スワビア人の勤勉さをスペインの情熱性に連結している，混血した人びとが生活しているのである。大半は自分自身の犠牲であり，残余は継父的な国家の犠牲であるナポリ人は，乏しい教育と憂慮すべき人口過剰の結果として，人生との不当な葛藤をずっとやり続けている。その代わりに，ナポリ人は優しい心の持ち主であるし，革命よりも法律違反，密輸，闇経済のほうを好んできた——すべてを税金，所得税といったもの抜きで。

ナポリ人の真の姿を知っている人は少ない。あえていえば，おそらくナポリ人自身——市民層——もそれを十分には知らないであろう。実際，むしろ今日ではクリスマス休暇を過ごすのが流行になっているセーシェルの原住民とのほうが，サン・ポティートの「バラの路地」の住民とよりも個人的知己になっていることであろう。なにしろ，そもそもサン・ポティートを車で通り抜けるのは，サルヴァトール・ローザ通りから美術館に行こうとするときなのだからだ。同じことは通りすがりのツーリストについてもいえる。彼はやって来て，立ち去るときには，騒音や，往来や，無秩序の記憶だけを持って帰るのである。

けれども，一度，ほんの一度だけでも，バッソ（basso）［ナポリ独特の一部屋の土間］に住む一人の老婆に近づこうと試みられたい。どんな口実でも，話をしかけて，……道を尋ねるとか，壁龕の中の聖像の名前を訊くとかしてください……そうすれば，もうとっくになくなったと思われていた，あの昔の親切にぶつかることでしょう。あるいは晴れたきれいな日にカポディモンテのポルタ・ダランデを訪ねて見てください。そ

こから徒歩で少しずつ中国式階段を降りて，さらに，サンタ・マリーア・アンテセクラ通りを辿ってヴェルジニにまで行ってください。こうすれば，本書の幾人かの人物——老髪結いのジョヴァンニーナ・リグオーリ夫人，アメリカ系のヴィンチェンツォ氏，コレクション・ジーンズを売っているジェニー・カリフォルニア——と識り合いになれることでしょう。家並，干された洗濯物，小さな広場，狭い土間の部屋。ところで，サンタ・ルチーアの"パロネット"をご覧になったことはあるだろうか。サン・ガエターノ広場は？ サンタントニオ・アバーテ地区は？ どこかバッソに入って，話し始めてください。友だちを見つけるには，車を売り払って，徒歩で行くだけでよいのである。
最初にお気づきになるだろうが，誰もお金を要求しないで，逆に，あなたに何かをおごるために，互いに張り合うことになるであろう。2，3回訪問した後は，断るのも少々厄介なことにお気づきのことであろう。
「コーヒーでも飲んでくださいな。」
「いいえどうも。今しがた飲んだばかりなもので。」
「リキュール一杯，ヴィスキオでもいかが？」
「遺憾ながら，酒を飲みませんので。」
「それじゃ，ロッココでも食べてください。」
「これから食事に行こうとしているものですから。」
「それじゃ，しまっておいてください。」（持って行ってください）
新鮮な空気が入ってくるようにドアがいつも開けっ放しの家に生涯ずっと住んだ人は，ついには通りを自分の住居の一部と見なし，また通行人を大事な客と見なすに至るものなのだ。

多くのイタリア人はナポリのバッソの存在をテレヴィジョンを通して初めて知ったのである。15人の子供を抱えた母親，失業中の父親，ベッドまたは台所の近くに置かれたオマル，等の手洗い用具，ヴィールス，鼠，その他の汚物を「除去する」際にガスマスクを着用している兵士たち，といった驚くべきルポルタージュを。テレヴィ番組が無関心な世論を喚起するのに役立ちうる限りでは，それもけっこうなのだが，しかし，明らかにときとして，煽情的なものへの欲求でレポーターが翻弄(ほんろう)されることもある。ナポリは幸いにももうカルカッタではないのだ。たとえば，若干の地区では，はっきりした進歩が記録されていて，1歳以下の幼児の死亡率は，ヴィールスの流行にもかかわらず，1974年の1000名中35名から，今日では1000名中22.5名に減少している。とはいえ，それでも全国平均の1000名中16.8名の死亡率からはほど遠いのである。こうした第三世界の諸問題では，バッソの住民たちが相当部分の責任を負うているのである。他方で納得しておくべきことは，どういうわけかは知らないが，とりわけイタリアのように，団地計画を興すのが容易に運ばない国では，数世紀にわたる若干の問題が一朝一夕に解決されるものではないという点である。

今日でも，ナポリでは何千ものバッソの住民が各部屋に平均4人で暮らしている。バッソは周知のように，たんに住居であるばかりか，工房ないし店として役立っているし，このことが何か再開発の計画をより一層厄介にさせているのである。換言すると，土地と同じ高さの所に住んでいる人びとだけの問題を解決するためには，何万もの住宅を建てるだけでなく，さらに，闇経済からの収入の欠如を保障しうるに足るだけの多くの仕事場をも見つける必要があろう。

実際，バッソの借家人はたいていの場合，商人なのだ。おもちゃ，洗剤，電化製品，キャラメル，タバコ，シューズ，漫画，ミュージック，カセット，その他，手に入る一切のものを売っている。商品を椅子の上に載せたり，バッソの外壁にくっつけたり，内部空間を一部は住まい，一部は商品倉庫に充当して，できるだけうまく分割しようと苦労している。何百もの物品を売る者もいれば，僅かな数のものだけを売る者もいるし，あるいはシャンデリア1個しか売り物がなくて，それを2階のバルコニーにぶら下げている者もいる。

ジェニー・カリフォルニア——戸籍簿ではジェンナーロ・ロッコ——は本物のジーンズとジャケットを売っている。ベトナム戦争をやった軍服が欲しい？ ミネソタ大学のキャンパスで使い古されたジーンズを？ ボブ・ディランの持っていた本物のTシャツを？ それなら，ジェニー・カリフォルニアの所にいらっしゃい。彼は持っているか，なければ，探し出してくれます。

「先生(ドットーレ)，あなたは作家ですから，助言をしようなどと不遜なことを申すつもりはありませんが，ただ一つ，私の経歴をお書きになれば，ナポリの歴史をお書きになるようなものだ，ということです。」
「仕事を始められたのはいつからですか。」
「8歳のときには，'パスタ吹き'をしていました。」
「いったいどんなことをしていたのです？」
「パスタ吹きとはですね，パスタを吹く仕事のことです。親父は友人の食品店へ私を奉公に出しました。私は毎日，出てくるゴミを集めなければなりませんでした。ゴミというのはすべて，残ったパスタの屑で，売り台の上か，地面に見つかるものでした。お分かりのように，こうした複合パスタ——スパゲッティ，チューブ，マルタリアーティ〔変則の長方形に切ったパスタのこと〕……——は，インゲン豆やジャガイモと食べれば，ほんとうに素敵な食事になりますよ！　で，今お話しようとしていたのは，私の仕事のことでした。パスタの屑を集めては，それをふるいにかけ，正真正銘のゴミと区別し，最後に上から息を吹きかけ，ほこりを飛ばすようにしていたのです。ですから，私は'パスタ吹き'と呼ばれていたのです。」
「で，食品店はどれくらいくれたのです？」
「昼はモルタデッラ（ソーセージ）付きのパン，夜は暖かい食事です。」
「その後は何をしていたのです？」
「簡単には言えませんね。何をしたかは。ありとあらゆる仕事をやりました。こう言うのも別に恥ずかしくないのですが，監獄にだって入っていました。」
「その理由(わけ)もおっしゃってくれませんか。おっしゃりたくないのなら，いいのですが。」
「かまいません。人生とはそういうものなんです。私が初めて窃盗でブタ箱に入れられたとき，15歳でした。ほかのときは，自動車を盗んだせいでした。私は自動車解体業者のために働いていたのです。夕方，彼の所に出掛けて，注文を受けていたのです。たとえば，彼はこんなことを言ったものです——《これこれのカーラジオ2台，または1100型のライト2個と，ミニクーパー用のスペヤタイヤ1本が欲しい》。彼のために12人以上が働いていたのです。」
「その後はどうだったのです？」
「結果としては，私たちしかブタ箱には入らなかったものですから，ポッジョレアーレ監獄に2回入れられている間に，妻に娘ができてしまい，私は結婚せざるを得なかったのです。そのときに，まあ何というか。……家族への責任感を覚え，悪い生活から足を洗う決心をし，タバコ商に身を置いたのです。10年，たぶんそれ以上，闇屋をやりました。今では品行証明書を持っていて，神のおぼし召しなら……」
「お子さんは何人で？」
「5人ですよ，先生。男3人に女2人です。一番小さいのは，まだ6カ月です。」
「今は何をなさっているのです？」
「現在はうまく行っています。古着屋の商売も順調ですし，妻と一緒に蘇生術の部門も設けました。」
「蘇生術って，何のことです？」
「手っ取り早くご説明しましょう。私たちは卸で古着を買ったり，直接バタ屋からとか，アメリカからくるのを梱包で買っています。ところで，知っておいて頂きたいのは，梱包を買うとき，ことはうまくゆくときもあれば，まずい場合もあるのです。梱包の中は見ることができませんから。そのまま買わざるを得ないのです。重さで支払い，暗闇で買うわけです。たまにはあまりに不潔なものがあって，買ったまま棄てねばなりません。しかし，ちゃんとした衣服が見つかることもあるので儲かるのです。」
「すると，これらの衣服を蘇生させるのですね？」
「そうです。私たちには仕立て屋，洗濯屋，アイロンかけ屋の部門があるのです。ほかに，私たちを一番満足させてくれる，蘇生術の部門があるのです。」
「何をするのですか。」
「たまにはまだ立派なままの衣服が手に入るのですが，ただ，どこかにほころびや，タバコの焦げ跡とか，虫喰いがあったりしますので，少しばかり手間を掛けて，新品同様のものにしてしまうのです。」
「どんなふうにして？　布切でも入れるのですか。」
「いいえ。たとえば，その衣服がコートだとします。まず最初に，それを他のコートと一緒に，完全密閉の部屋の中で吊るします。その部屋の地面には，お湯で一杯の金だらいを置き，湯気が上がって，毛を浮かび上がらせるようにするのです。なにしろ，毛がこの熱を感ずると，新たに勇気が湧き，まるでこういうように——『まあ，これはどうしたの？　この熱はいったいどうしたの？』それから，長女のパトリーツィアが落ち着いてカミソリの刃でしわの内側をこすり，コートの毛の粉をとることができるのです。それから妻がその粉を取り，透明な少量のノ

リにつけ一種の粘着剤を作り，それでコートの穴という穴をすべて少しずつふさぐのです。私のところの衣服が蘇生術部門から出るときにはですね，先生，百貨店から出てくるようなものなのです！」
「で，よく儲かりますか？」
「神様のおかげです。文句は言えません。」
「それじゃ，十分に満足なさっていらっしゃる。」
「まあ率直に言って，先生……何とお答えしてよいか。何か大事なものが欠けているという気はしています。たぶん，子供の将来を考えているからかも知れません。先生，私は今，立派な車や，ポンティ・ロッシには，むろん賃借りながら，きれいな家もあります。でも何というか，何か足りないものがあるのをいつも感じているのです。でも，私にはストライキをする権利がないのです。家族を守るためにデモをするとか，分かって頂けましたか？」

「ご覧ください，先生。この水飲み台は1875年に祖母が大理石で造ったのです。それまではすべて木製で，17世紀末を想わせるものだったのです。」
「ずっとあなたの家族の所有物だったのですか。」
「もちろんです。ところが，300年後，私が営業許可試験に合格しなかったからといって，これを取り上げようとしているのです。先生，私はもう62歳ですよ，試験なんて受けたくないのです。」
ヴィンチェンツィーナ・エッセ夫人は，私がこのいまいましい営業許可を取るのを助けてくれないかと絶えず期待しながら，波乱に満ちた一生を私に語るのだった。つまり，1971年の法律第426条は，小売業を営もうとするすべての者に，加盟グループであらかじめ適性検査を受けた後に商業登録簿に記載されることを命令しているのだ。ここから，夫人の苦難の道は始まったのである。
筆記試験に失敗してから，彼女は然るべき学校で4カ月のコースに通うことを要求されたのだった。
「学校なんか行きたくなかったのです。おまけにエレヴェーターもない建物の5階にあったのですからね。私は年取っているし，脚も不自由なんです。」
「それで，試験はどういうもので？」
「先生，質問表をご存知ですね。私たちはクイズの答のように×を書かねばならなかったのです。イエス様，ヨゼフ様，聖女アンナ様，マリア様！ こんなクイズに答えられたら，マイク・ボンジョルノの所に出掛けて，今頃，百万長者になってるでしょうよ！」
「質問は難しかったのですか。」
「いいえ，ただ，彼らはそれらを正しく書くすべを知らなかっただけです。たとえば，《オリーヴ油は何色か》と書く代わりに，彼らは《オルガンの特徴はどうか……》と書いているのです。」
オルガノレッテイケ
「物質の性質の特徴でしょう。」
「そうです，《オリーヴ油の物質の性質の特徴は？》とあり，そして《ライオン化された魚とは何か》と。」
レオフィリッツアート
「きっと《凍結乾燥された》なのでしょう？」
リオフィリッツアート
「先生，私はミネラルウォーターや，オレンジとレモンの生ジュースを売っているのですよ。先生方がレモン・スカッシュの作り方をお知りになりたいのなら，どんな試験にだって受かります。二度とあんな高い所から私を見下ろしてもらいたくないです。どなたかご存知ありませんか，私が名誉営業許可証を取れるように骨折ってくださる人を。」

19世紀の絵画とか，カポディモンテの陶器の人物像とかを眺めていると，あるポーズが不自然か，少なくともわざとらしいと考えさせられることがよくある。だが現実を観察していると，まさしく民衆のうちに，同じ調和したポーズが見つかるものだ。写真では典型的な"ナポリの"3人の女性が見られるし，彼女らの背後には，ドゥケスカの市場路地におけるあらゆる熱気が見て取れる。ドゥケスカはフォルチェッラとともに，詐欺師街の評判を共有している。フォルチェッラの名物はスカルティロッフィオ。事情を知らぬ人びとに言っておくと，買ったばかりの品物は，たいてい石ころとかレンガの入った同じ重さと同じ形をした包みと取り替えられるのだ。だがこのことでツーリストはあまり驚いてはいけない。ドゥケスカとフォルチェッラには真面目な商人も居るし，そこでは上等の商売をすることも可能なのだから。詐欺かも知れぬと，どうすれば見分けられるのか。それには値段を確かめるだけでよい。あまりに安ければ，買うのを諦めるべきなのだ。

スーパーへ買物に出掛けるのが一つのやり方なら，小売り商人を直接来訪させるのはまったく別のやり方である。売買について言い争われ，値段の取引がなされる。小売り商人には客の好みがだんだんと分かってくる。朝のナポリの路地は，売り人のかん高い声や，パナーリの絶えざる昇り降りで満たされる。パナーリとは籐の小さな籠のこと。商品が引き上げられ，目で見てから，重さが正確かどうか点検された後でようやく，この小籠は然るべきお金と一緒に降りてくるのだ。

《So' avasciate 'e pesielle! Signò, acalate 'o panaro!》
(エンドウが安くなったよ。奥さん，籠を降ろしておくれ！)

看板にもあるように，この作業場ではまさしく人形，マネキン，聖者像が修理されるのだ。場所は正確にはスパッカナポリ，ペンディーノのヴィーコ・パパレッレの片隅にある。通りがこういう奇妙な名前を持っているのは，16世紀にルイーザ・パパーロという名前の貴婦人がこの地区の少女たちに売春を止めさせるために，ここに一種の女子寄宿学校を創設したからである。"パパレッレ"とはナポリ方言でアヒルのことで，トンナ・ルイーザの少女たちを"パパレッレ"と呼んで可愛らしく侮辱しようとしている民衆の意図は明らかだ。ニューヨークでなら，道の名称はあらかじめすべて知られているが，それとは違ってナポリでは，古代世界の他の諸都市と同じく，神秘で魅力的な名前のついた通りがたくさんあるのだ。一つのイメージを与えるために，そのうちの若干を挙げてみると，ヴィーコ・スカッサコッキ，ヴィコレット・ファーテ・ア・フォリーア，ヴィア・メッザカンノーネ，ヴィーコ・ベッレドンネ・ア・キアイア，ラルゴ・デッラ・ミネーストラ，ヴィーコ・パッツァリエッロ，ヴィーコ・ペトルジッロ，グラディーニ・デッラ・ヴィータ，ヴィーコ・デイ・トレ・レ・ア・トレード，ヴィア・デル・ソーレ，ヴィーコ・フレッド・ア・ドンナルビーナ，ヴィーコ・デッリンフェルノ，ヴィーコ・セルジェンテ・マッジョーレ，等々がある。これらの名称についてもっと知りたければ，『ナポリの通り』(*Le Strade di Napoli*, ジーノ・ドーリア著, Edizioni Ricciardi刊) を読むようお勧めする。どこかでまだ売られているのが見つかればの話だが。

人形病院

　俺のジョヴァンニーノは詐欺と犯罪者密会のせいで4カ月の執行猶予の判決を受けた。だが、実は彼は無罪だった。というのも、彼を悪の道にかり立てたのは悪友たちのせいだったからだ。正確に知りたいのなら言っておくと、本当に罪深いのは、"先生"と呼ばせているあの奴なのだ。つまりあいつがアタン〔ナポリのバス会社〕に対して保険詐欺を考え出したのだ。俺のジョヴァンニーノは車を交通のど真ん中に引っぱり出して、決めておいた場所で急ブレーキを掛ける手筈になっていた。それでジョヴァンニーノの背後について来ていたバスも急ブレーキを掛けねばならなかったし、そして乗客はみな投げ出されざるを得なかった。ところで、これら乗客はみな"先生"の友だちだったのだ。彼らは倒れて自由意志で負傷した。もちろん、ある者は安全ピンで皮膚にかすり傷を負った。さて、保険からつかんだ分の半分は負傷者に、もう半分は"先生"に渡った。ジョヴァンニーノは別に支払いを受けた。でも言っておくが、お前さんたちはこんな立派な考えをよくも思いついたもんだね。素晴らしい。でも、そんなのは一回切りだぞ！　ところがどうだ、1回、2回、3回……。アタンのバスは2カ月ごとに急ブレーキを掛けねばならなかったし、運転手が振り返って何事が起きたかと見てみると、乗客たちはみな床に列を作って横たわっているのだった。諺にも言うように、悪事はいつかは破綻をきたす。そしてとうとう連中は嫌疑をかけられ、みんなひっ捕まえられたんだ。でも俺がもっとも不快だったのは、ナポリの新聞「マッティーノ」にこのことがこう載っていたことだ——「急ブレーキのギャング」ってね。

ドットー
大将，俺は何とかやりくりしているのさ，定職があるわけじゃないんだ。住んでいるのはポルタ・カプアーナ地帯でな，立派なみなさんのお役に立とうと覚悟を決めているのさ。夏には，上着がなくて法廷に入れずお困りのときには，僅かな金できれいな上着を貸してあげるのさ。ときには俺は被告，被害者，証人を同時にお客としてもつこともある。出口で上着を見つけられるように，いつも腕に喪章をつけているんだ。

冬には，裁判所の前で傘置き場の見張人をやって問題を解決している。そう……傘置き場の見張人をやって。知っておいてもらいたいのだが，刑法典第434条によって，武器もしくは武器に適した物体を携える者は裁判所の刑事部に入れないのさ。で雨傘は，大将，武器に適した物体なんだ。だから人びとはそいつを俺に預けなくちゃならないって寸法さ。俺は雨傘に番号をつけ，それを壁に吊るしておき，その謝礼に100〜200リラを頂戴するってわけさ。

デ・シモーネ・ヴィート
ニワトリと卵

カルロ・ルッソはニワトリも
卵も販売していません
ベルを押さないでください

バルーン売り

俺はアンドリアーナと彼女のヤネスという名前のベルギーの牧羊犬にお伴してヴィーア・クリスピの犬小屋まで行くことになる。タクシーを拾う。到着すると，俺はメーター料金を尋ねる。
「2500リラです。」
「でも，タクシーのメーターは1500になっているぞ。」
「それプラス，犬への恐怖でさ，大将(ドットー)。」

26

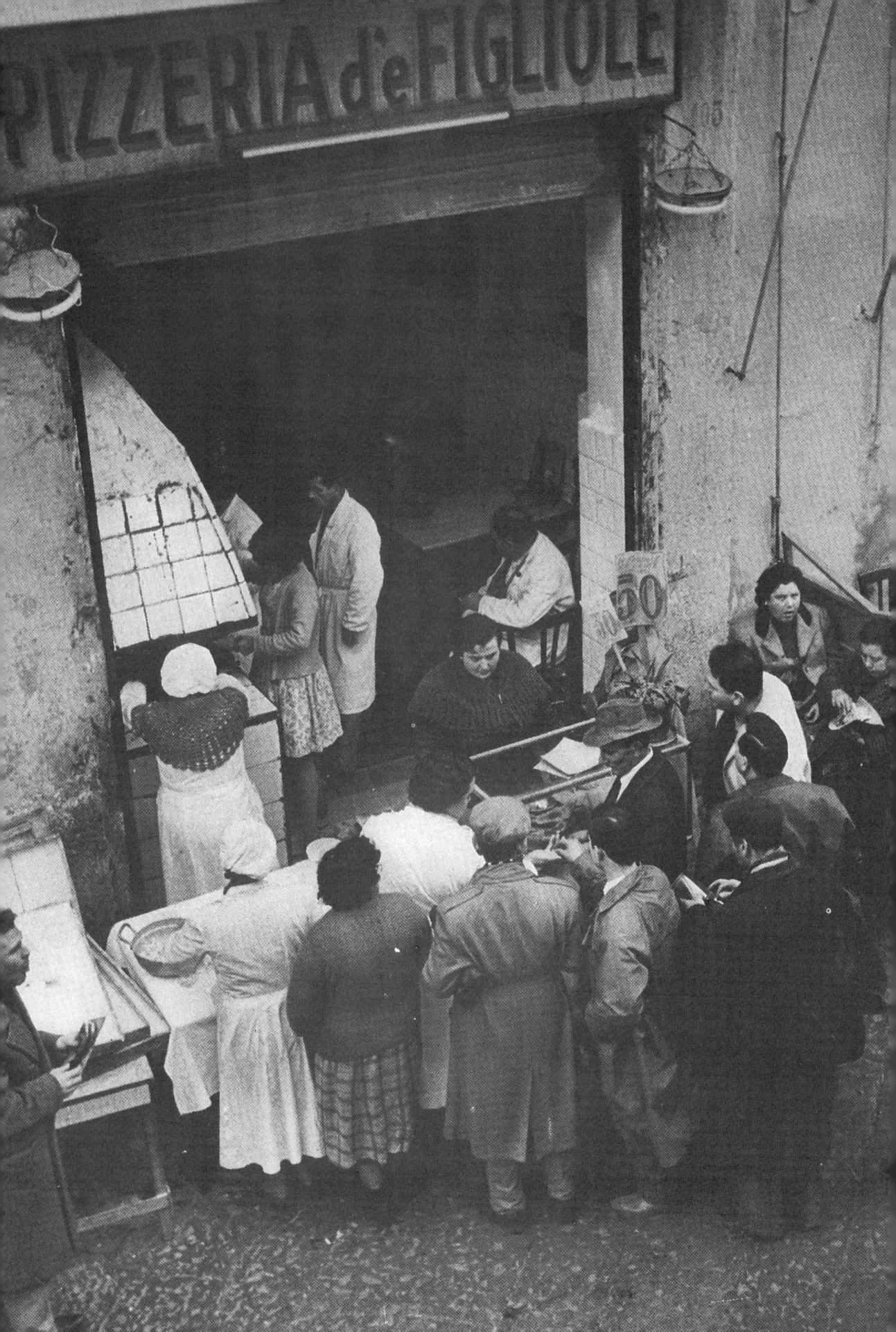

お嬢さんピッツァ屋

フライ専門店
買う前に品質を比べられよ

　ミラノは食前酒のメッカだ。昼に人びとは出会うと，食欲を刺激するために何かを飲む。ナポリでは逆に，"胃袋封じ"とも言うべきピッツァが発明された。下町の人びとは帰宅する夕方だけ暖かい食事をするのに慣れている。12時，12時半頃には胃袋を騙して，暖かい食事だと錯覚させるという問題を抱える。そこでピッツァを買うことになる。

「というと,お宅は夜中にベンガル花火やクラッカーをポンポン爆発させていたんだな。」

「警視正さん,夜中などと言わないでくださいな。正確には夜の12時でさ。でもちょっとポンポンやったくらいでごろつき同然にすぐさまブタ箱入りとは信じられませんがね。」

「ちょっとポンポンやっただけだって? カンナヴァ,お宅は1979年1月12日の零時から,0時45分まで,つまり警察署員が到着するまで,ひっきりなしにポンポンやらかしていたんですよ。これをお宅はちょっとポンポンやっただけと言うのですか。カンナヴァ,いいですか,ルイージ・セッテンブリーニ通りの全住民から抗議の電話が50本以上もきているんですよ。不幸にもお宅の家の真正面に住んでいる私の上司からの分も含めてね。」

「でも,これが犯罪なんで?」

「もちろんですよ。となると,ここでしなければならないことは……刑法の条項をお示しします。ちょっと待ってください……第685……いや違う,反乱活動だ……ほらここだ,第703条,《何人モ当局ノ許可ナク居住地オヨビ周囲,マタハ公道沿イニテ,マタハ道ニ向カイテ,火器ヲ発射シ,モシクハ花火ヲ打チ上ゲ,モシクハ点火セル気球ヲ飛バス者ハ……》」

「何を飛ばすので?」

「点火した気球……モンゴルフィエ式熱気球をです。」

「でも私しゃ,そんなことはしておりません。」

「はい,分かっていますよ。でも,法律はありとあらゆる場合を予見しなくてはならないのです。ほら,ここにはお宅のケースが出ています。《モシクハ花火ニ点火スル,マタハ一般ニ火ヲツケタリ,危険ナ爆発ヲサセル者ハ,4万リラノ罰金ト1カ月以内ノ拘留ヲモッテ罰セラル》。分かったですね,カンナヴァ。《1カ月以内ノ拘留》ですよ。」

「はい。でもあなたは情状酌量をお忘れだ。」

「どんな情状酌量を?」

「以前にも申しましたよ。警視正さん。年末には私しゃポケットに1リラの銭もなかったんです。子供たちは私を11時まで待っていた。子供たちは言っていたんです,《すぐにパパが爆竹をもって戻って来る》って,警視正さん,その晩,私しゃこれっぽちもポンポンはやらかしてはいません。私たち,女房と子供たちは牛乳を1びん飲み,真夜中を待たずに床に就いてしまったんです。あなた,こんなカンツォーネをご存知ですか――《もうすぐクリスマス,だが俺は文無し,パイプを吸って,眠りにつくだけ》というのを。

その夜はちょうどこのカンツォーネそっくりにして,パイプを吸い,就寝したんです。でも警視正さん,私しゃ眠れなかった。そんなことはできなかった。外では騒音や陽気な声がしていたし,みんなが笑ったり楽しんだりしていた。新年を迎えても,泣くための涙さえなかった。あなたの上司が正面で花火を打ち上げたのです。私に何ができたでしょうか。抗議するために警察署に電話をかけたらよかったのですか。私しゃ起き上がり,女房と子供たちを目覚まさせて言ったのです,《子供たちよ,パパにもお金が出来次第,神様の命じられているように,花火をちゃんと打ち上げようじゃないか》って。」

12時開店

　ムッレカーロはケーキ屋のケーキのくずを集め、それを小さな紙コップ——クッペティエッレ——に入れて売る。また、キャンディとディアヴリッレ（彩色した砂糖の小球）と甘草(かんぞう)のうずまき物も。小学校の時間割に合わせて、14時に閉め、看板にもあるように、15時に再び開店するのである。

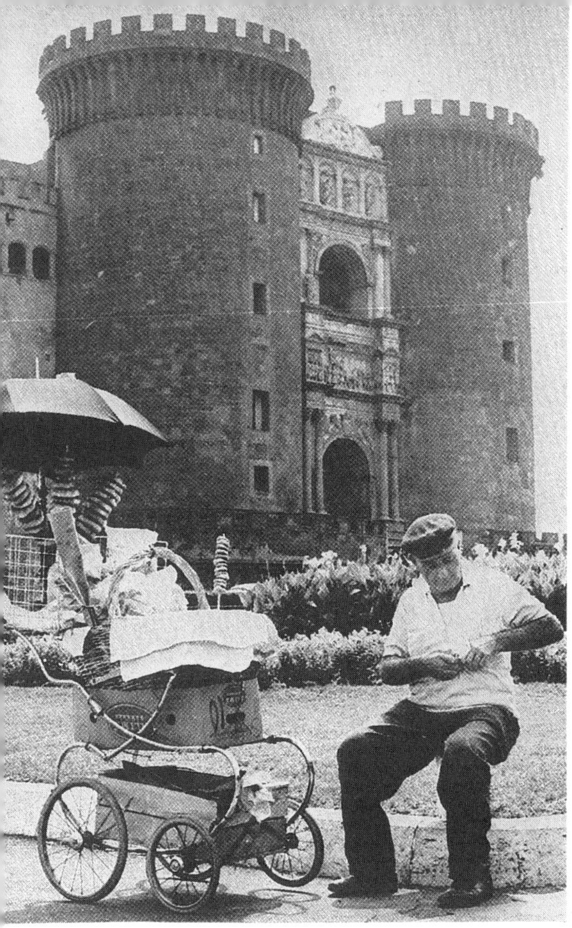

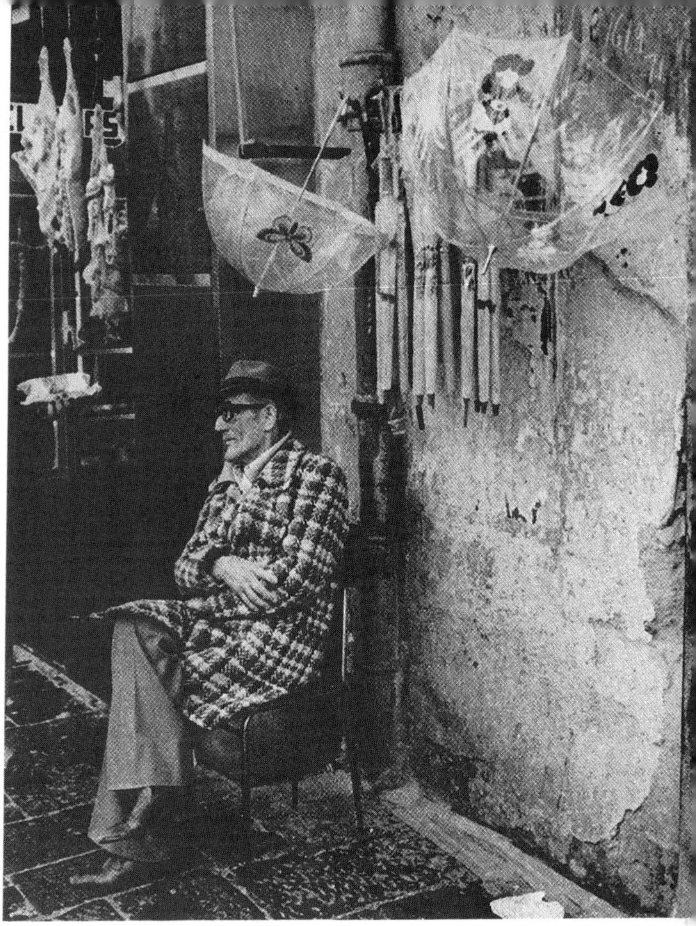

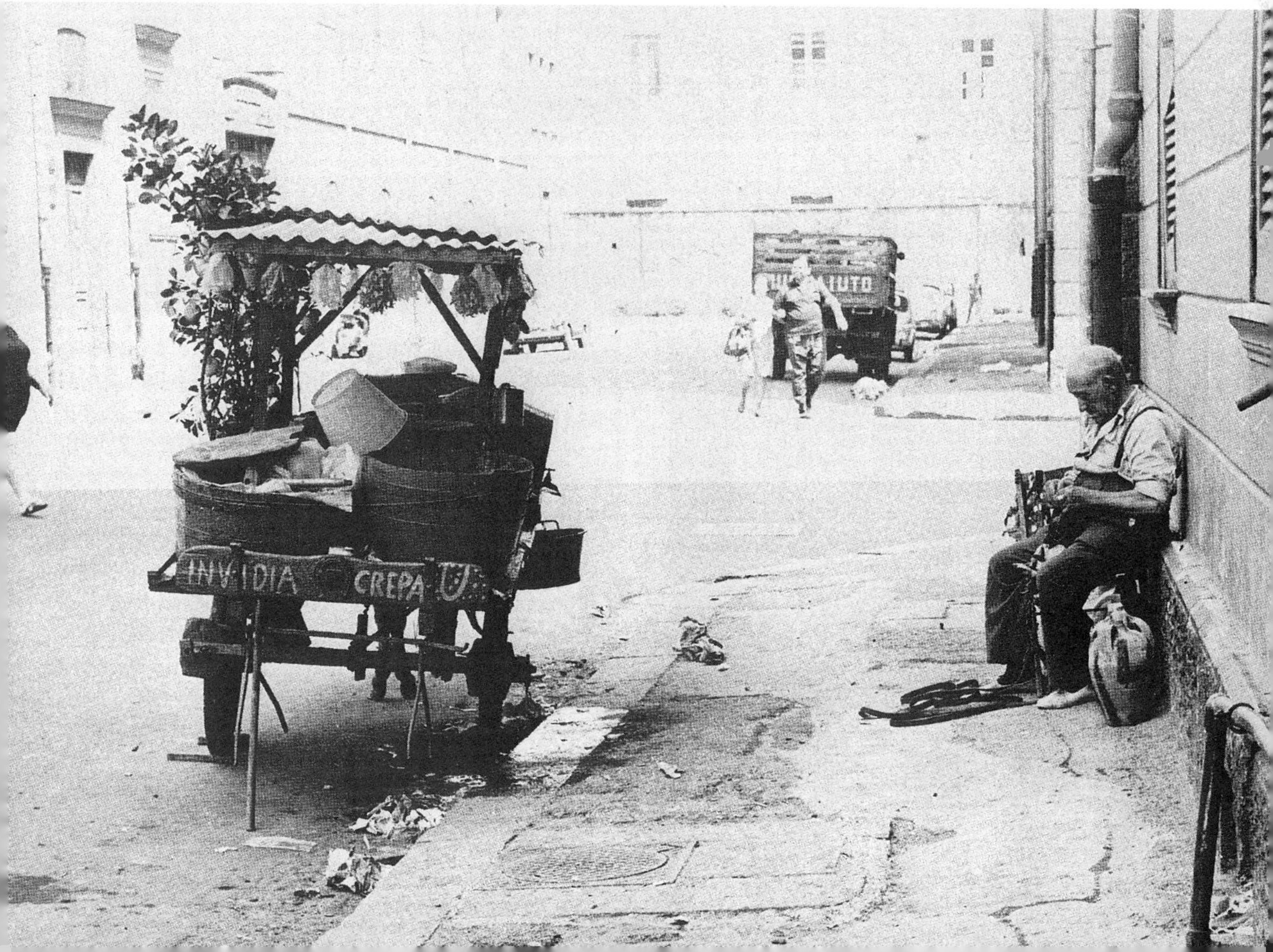
INV·IDIA
CREPA

ナポリは偽造産業のヨーロッパにおける首都である。最上のブランドの偽スコッチ・ウィスキーを生産する工場、ほろ苦いフェルネ・ブランカの工場（1978年には50万本のびんが差し押さえられた）、ナンバー5のシャネルの工場（「大将、儂らの香水はフランスのものより上等ですぜ。1滴だけで1日中芳香を放ちます！」）、ルイ・ヴィトンのカバンの工場（「20万リラのカバンを1万5000リラで差し上げます」）、世界でもっとも有名な歌手たちのレコードやカセットの工場（「年に200億の総売り上げ高、そう200億と言われていますぜ！」）。ミラノが創ったものはナポリによってコピーされるから、革命は不定の時期へ延期されることになる。

信じようが信じまいが、1971年にナポリの商工会議所が業務の機械化を決定したとき、コード化すべき活動のうちに「魚の目の絵書き」のそれもあることが分かったのだった。これは昔ながらの一種の行商人であって、この"芸術家"は売られてもいない魚の目を新鮮で生きの良いように見せていたのである。

もっとも典型的な仕事としては、スポーツの催物の入場券買い占めがある。本部はナポリで、支所はトリーノ、ローマ、ミラノにある。資本金はナポリのもので、従業員は約800名。たとえば、トリーノ・ユヴェントゥスのダービーとか、ヨーロッパ・カップの最終試合ボルッシア対リヴァプールに出掛ければ、だふ屋が大声を張り上げているのを聞くことになる。「番号付き特等席、最前列の特別席があるよ。さあ買った買った。」何も驚くことはない。ごく普通のことなのだ。彼らはナポリのだふ屋なのであって、働いた時間だけ分け前を稼いでいるのだ。

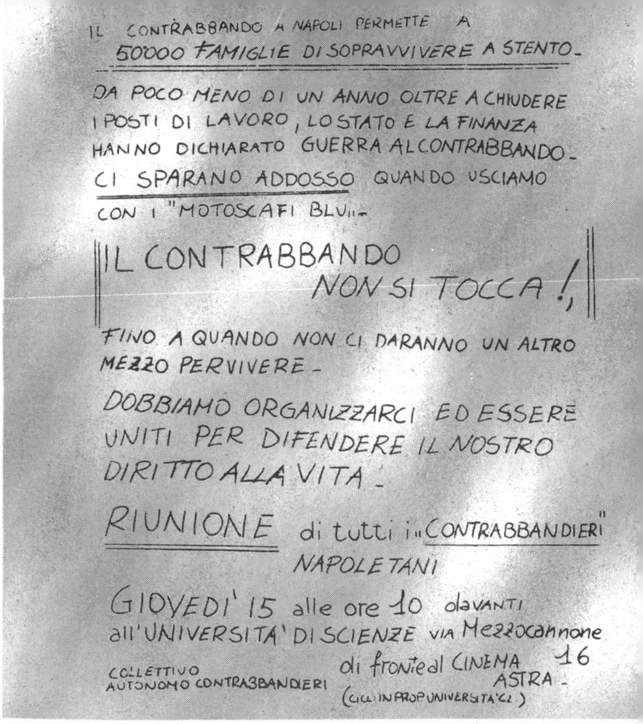

> IL CONTRABBANDO A NAPOLI PERMETTE A
> 50.000 FAMIGLIE DI SOPRAVVIVERE A STENTO.
>
> DA POCO MENO DI UN ANNO OLTRE A CHIUDERE
> I POSTI DI LAVORO, LO STATO E LA FINANZA
> HANNO DICHIARATO GUERRA AL CONTRABBANDO.
> CI SPARANO ADDOSSO QUANDO USCIAMO
> CON I "MOTOSCAFI BLU"..
>
> ‖IL CONTRABBANDO
>   NON SI TOCCA!‖
>
> FINO A QUANDO NON CI DARANNO UN ALTRO
> MEZZO PER VIVERE.
>
> DOBBIAMO ORGANIZZARCI ED ESSERE
> UNITI PER DIFENDERE IL NOSTRO
> DIRITTO ALLA VITA.
>
> RIUNIONE di tutti i "CONTRABBANDIERI"
>   NAPOLETANI
> GIOVEDI' 15 alle ore 10 davanti
> all' UNIVERSITA' DI SCIENZE via Mezzocannone
> COLLETTIVO   di fronte al CINEMA 16
> AUTONOMO CONTRABBANDIERI   ASTRA.
> (CICLOSTILE IN PROP UNIVERSITA' CL)

ちゃんとした地図帳には，地図のほかにいつもそれぞれの国の主要データーが載っている。平方キロメートル，人口，資源，産業，等の。われらが都市に関しては，最重要データーはこうなるはずだ——ナポリ。県を含めて人口300万。無職者25万人。主要な活動は密輸。

ほかのデーターとしては，250艇のブルーのモーターボート。1000人の船頭。荷卸しと分配に使われる30艇の沿岸運搬船(バランツェ)。品物をイタリア各地へ届けるのを成業としている2つの異なるレヴェルの卸売り業者（仲介なしに直接的に行う者と，仲介を通して間接的に行う者）。無数の小売り人。そして最後に，取り巻きとして，幹部——船ドック，機械工，機関士，大工，電気系統修理工，無線通信士，等。従業員は総勢5万名。

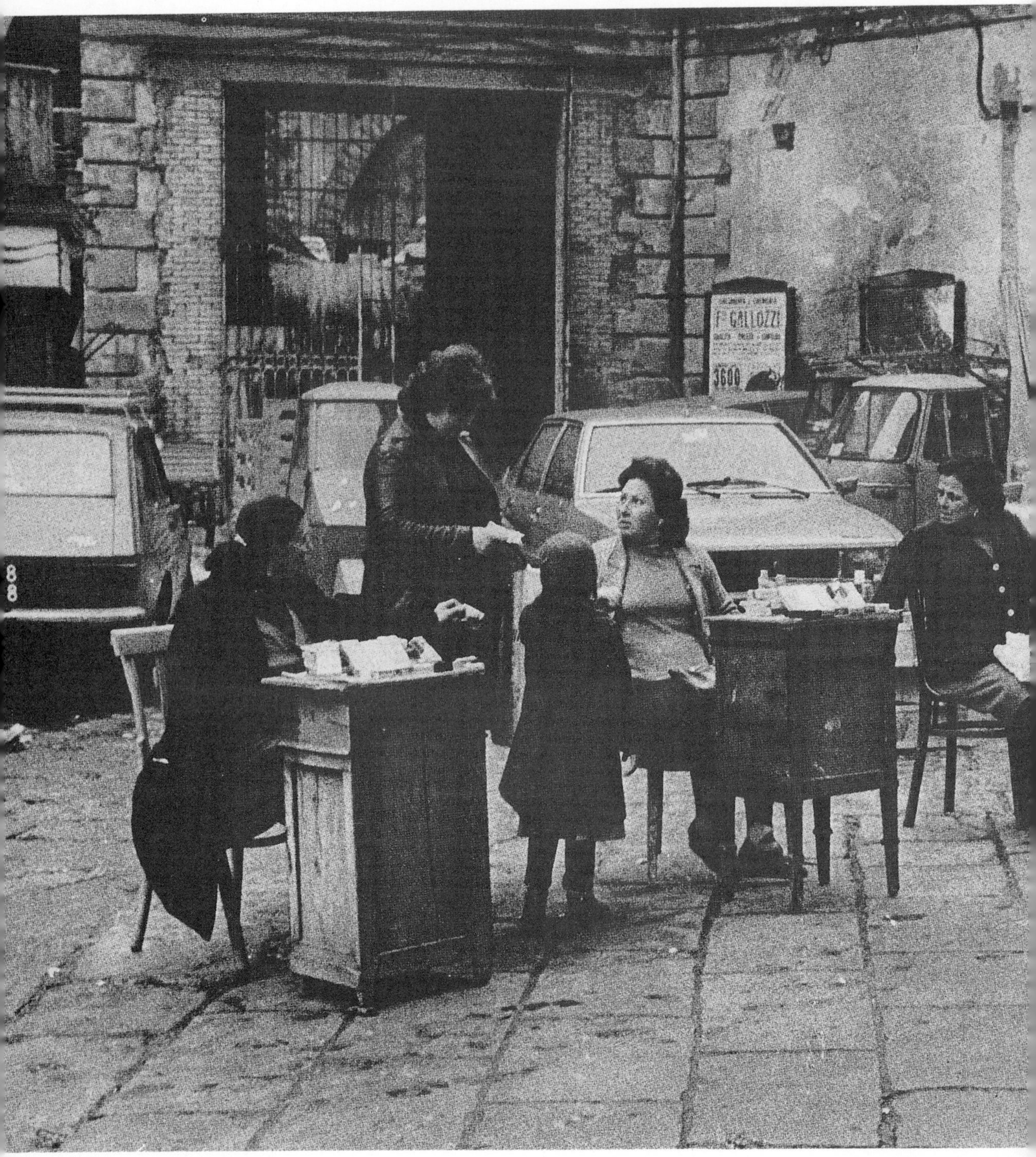
GALLOZZI
3600

各ブルー・モーター船が一航行で運べるのは100箱の葉巻き，つまり，5000カートンであり，値段は1200万ないし1300万リラのものだ。各航行での儲けは燃料代金や航海および税務機関への出費を除いても，200万リラである。陸の上で働く仲間たちは，アッボッツァトーレと称する一人のボスと，約40名の16〜18歳の若者とからなっており，彼らはそれぞれ毎晩だいたい1万5000リラ儲ける。実のところ，この密輸入が行われているときには，街中の小さい犯罪（ひったくり，自動車泥棒，ちょっとした強盗）の数が激減するのだ。イタリア政府がナポリの葉巻密輸入でどれだけ損をしているのか定かではないが，ただはっきりしているのは，政府が5万人を雇えるような産業を起こそうとしたら，この密輸入で損している以上の出費をしなければならないだろうということだ。

QUI DITTA la ROSSA

これら密輸業者たちは約10年前に波を切って運んでいたけばけばしい人物ではもはやない。大半は若者であり、彼らのうちには大学生や、ときには卒業生さえ混じっている。これら若者たちは誰も自分が法律違反者だと思ってはいない。私は彼らのうちの幾人かと話をし、その際こんな表現にびっくりしたことがある──「今日は4時に仕事に行かなくちゃならない」とか、「もう5航海したら、モーター・ボートが買える」とか、さらには「万事うまく行ったら、来年は結婚するんだ」とか。

財務警察官たちとの関係は実に奇妙だ。陸上ではしょっちゅう出会っており、相互に了解が出来上がっているのだ。まるで、映画『警察と泥棒』(Gardie e ladri) におけるトトとファブリーツィオそっくりである。密輸業者たちは生きるために闘っている貧乏人たちだし、財務警察官たちはこれら貧乏人からサラリーを受け取っている若者たちなのだ。だが、海上ではルールは一変する。長い休戦期間と正真正銘の海戦とが入れ替わり訪れるのだ。警察官たちの注意深い目なざしの下に、密輸業者狩りは冷酷と化す。衝突ぎりぎりまで追跡して、スクリューを詰まらせるために海中にロープが投げ込まれ、財務警察からは軽機関銃の弾がモーターボートの高さに発射される（密輸業者たちは武器を持たない）し、財務警察の哨戒艇をまくためにおとりのモーターボートが使われ、最新の無線機器を備えた密輸取締まり本部が海上作戦を地上から指揮することになる。その間に、密輸船（ラ・マンマ）は30マイル離れた所で衝突の成り行きをじっと待つのだ。

とはいえ、その気になれば、ナポリの密輸入はほんの一日でなくすことができるであろう。"ブルーのモーターボート"は仕事がないときには一日中、ナポリの小さな港で無為に過ごし、見たい人に見せている。彼ら密輸業者たちは仕事をしないときには、サンタ・ルチーア通りのバル"パリ"の辺にたむろするのだ。彼らのうちのひとりは目下、大きなサッカー・チームを計画中である──密輸業者 対 財務警察官、というわけだ。

注意
倒壊の危険あり

イタリア語・ナポリ語の二言語併用：Origano = arecheta

　ペンディーノ地区の建物は危ない。市役所はいつも危険の注意書きを貼り，一対の柵と一人のガードマンを配置している。
一人の紳士が渡ろうとする。ガードマンは彼を追い返す。でも，紳士は私的な大事な理由をしきりに並べ立てる。仕方ない，命令は命令なのだ。ところがそのとき，一人の男がやって来て，無言のまま柵をちょっとどけ，通り抜けて行く。すると，例の紳士が抗議する，「あの人が通り抜けたのはどうしてなのかね？」
「いや，あの人はここの住民なんだ。」

ATTENZIONE
PERICOLO CROLLO

ATTENZIONE
FABBRICATO PE

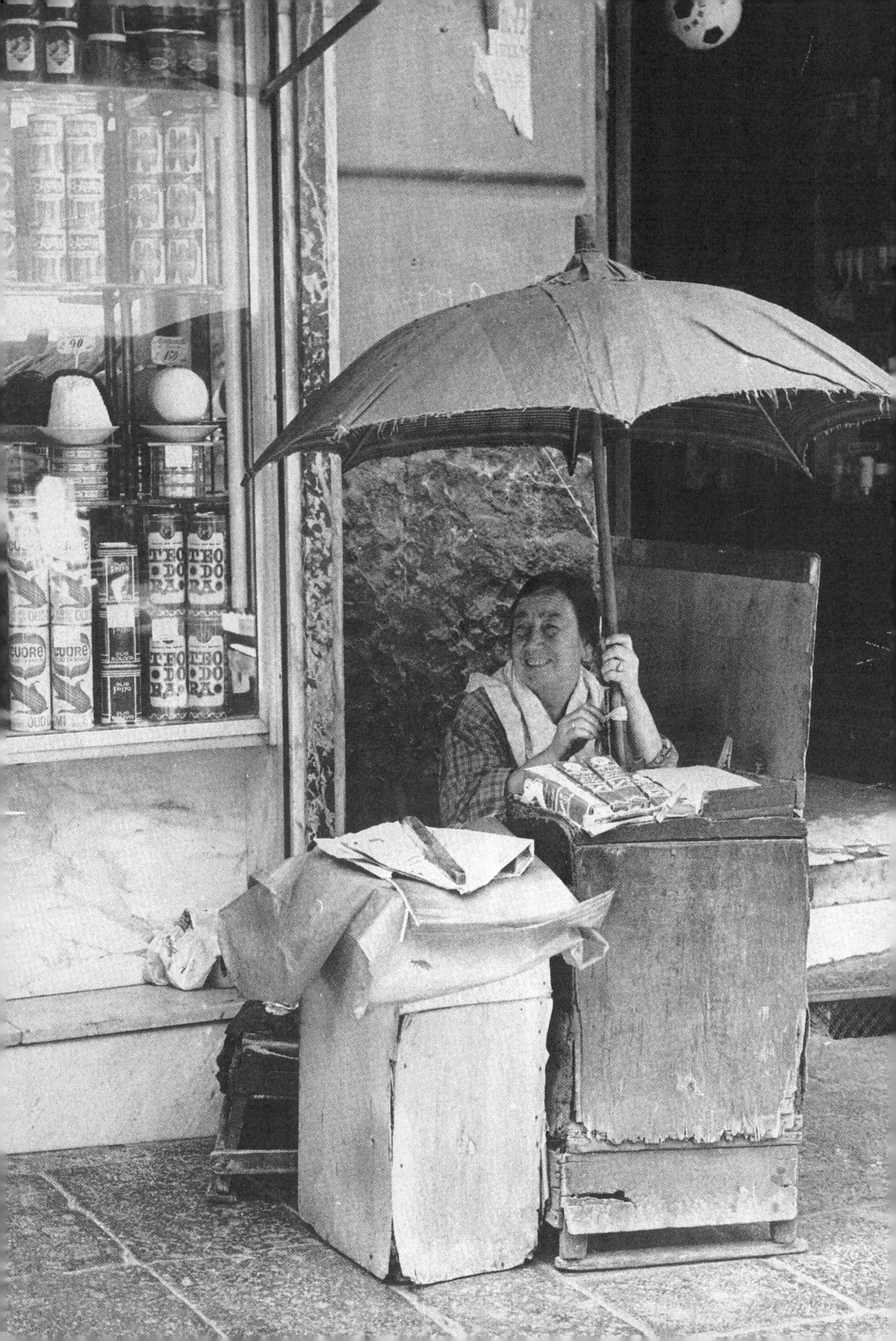
TEO
DO
RA
CUORE

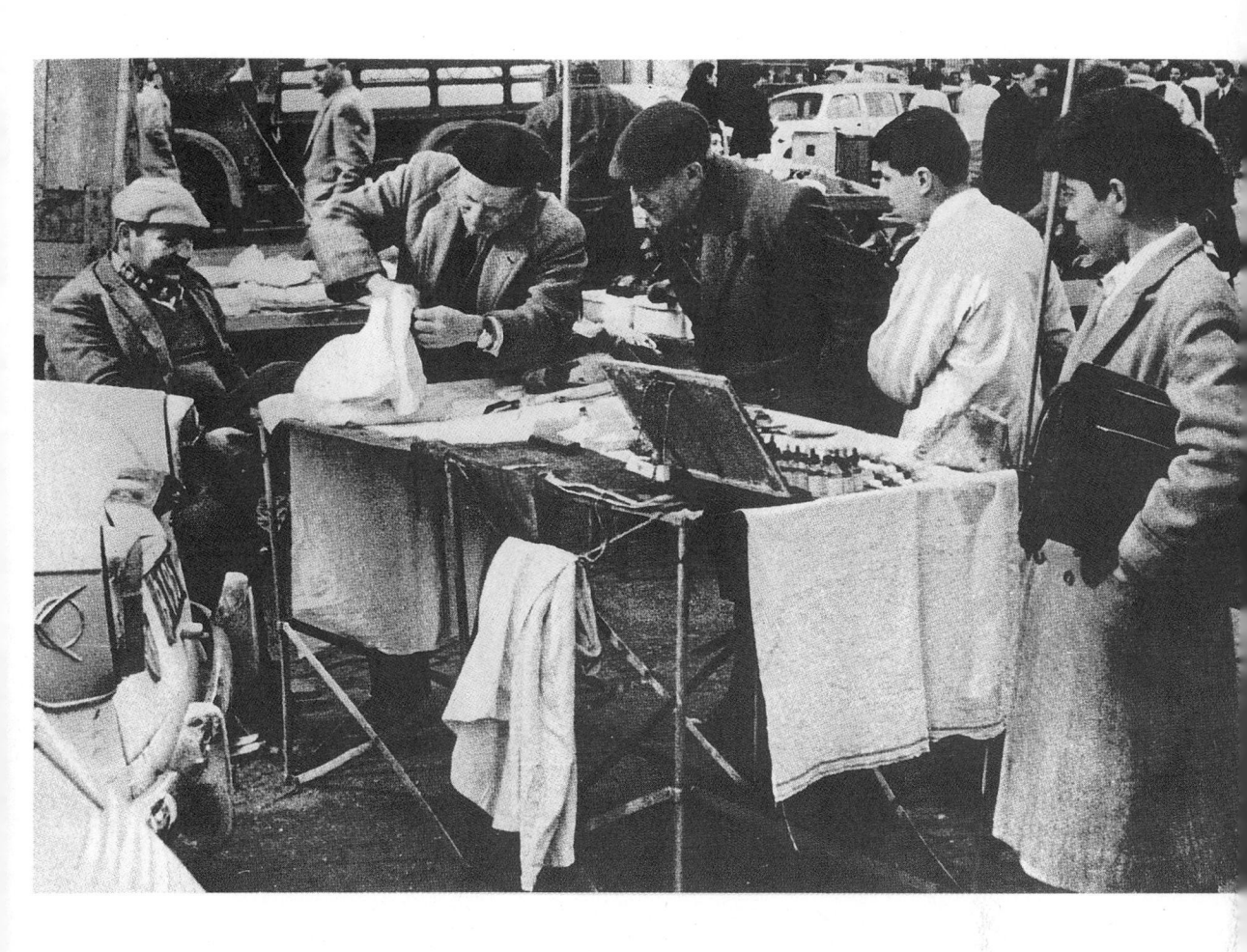

場所はポルタ・カプアーナの，駐車場の端である。左から二番目の紳士は「褒賞された化学商会パドヴァのサン・アントニオ」の肩書を保持していて，ペディキュアを行っているのだ。このスナップショットでは，われらが化学者がまさしく通りがかりの客の足に手術を行っているところなのだ。写真中央の紳士の態度に注目されたい。彼は手術の成り行きを見え見えの興味をもって追跡しながら，ときどきコメントする——
「いや，こりゃひどい！」と。

マリオ・メローラとピーノ・マウロの脚本のポスター。
ナポリの芝居は三幕の一種の叙唱であって、フィナーレでは聴衆が感激して一緒に歌うのである。登場人物は以下のとおり。

　イッソ　　　　好青年
　エッサ　　　　イッソの妻。美人だが、やや腰が軽い。
　オ・マラメンテ　イッソの悪友。エッサと浮気する。
　ア・マンマ　　もちろん、イッソの母。泣いている。
　オ・ネンニッロ　イッソとエッサとの間の息子。ほとんど病んでいる。
　オ・コミコ　　人びとを笑わさねばならない。彼の得意の役は"ダンボールのチンピラ"（'o guappo 'e cartone）だ。
　ア・コミカ　　コミコの女。この二人について、芝居の途中ではなはだ曖昧な二重唱が期待されている。
　オ・ブリガディエーレ　最後に登場して、オ・マラメンテを殺したイッソを逮捕する。

芝居の場景を判断するためには，現場に，つまり，執り行われる大殿堂，テアトロ・ドゥエミーラ，トリアノン，等々に見物に赴かねばならない。この芝居のモラルは市民世界からはしばしば非難されているが，大衆全体によって実際上共有されているものなのだ。それはごく単純な感情に訴えており，肯定的な価値と否定的な価値とのブレンドであり，名誉毀損を正当化するが，同時にまた，各自が誠実に闘うように要求しもする。女性は母の役か売春婦の役を代わる代わるすることを余儀なくされるのだが，その代わりに，家族の感情は称揚されるのだ。この芝居はそんなに長い伝統がない。誕生したのは1919年で，税金を免れるための便法としてだった。すなわち，その年に歌謡ショウが課税されたためにそれぞれの歌に朗読される台詞(せりふ)を振り付けて，ヴァラエティ・ショウをも日常的な出し物として上演しようというアイデアが，喜劇作家エツィオ・ルチオ・ムローロに思い浮かんだのだった。このアイデアは大衆受けし，それ以来，大成功したのである。

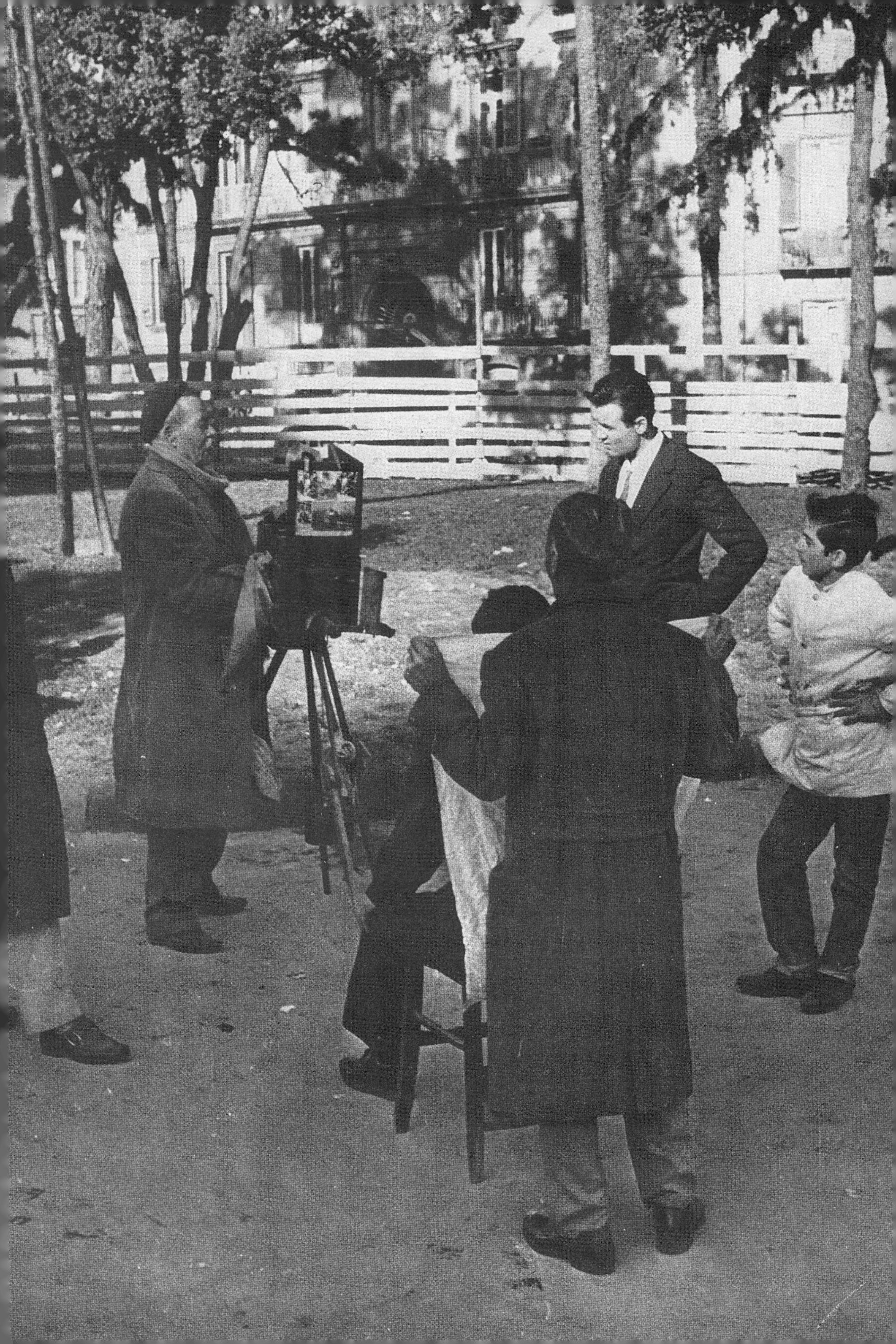

身分証明書用写真，即時仕上がり。所はピアッツァ・カヴール。ピアッツァ・カヴールに関して言っておくと，ナポリ人は外来語はすべて最後の母音にアクセントをつけて発音する。だから，ミステール，カフリーシュ，ソフィア・ロレーン，ジェプソーン，等々と言うのを聞いても，それはごく普通のことなのだ。唯一の例外は哀れなカヴールの名字であって，その理由は神のみぞ知るだが，カーヴルと発音されている。だが，われらの写真屋に戻ろう。この男は隠語でオ・カシェッターロ（'o cascettaro），その写真機はア・カシェッタ（'a cascetta）と呼ばれている。これに対して，われわれに背を向け，手に白い布を持った男は「背景の人」を生業(なりわい)にしている。たいていは写真屋の年取った親戚か，只働きの見習い人である。アーティストが協力者をお願いできない場合には，壁を用いたり，あるいは通行人に一時的な補助を頼んだりする。

「ドットー，決して命令なんかじゃありませんが，このシーツをちょっと持ってくれませんか？　この紳士の身分証明書用の写真を撮りたいのです。ドットー，ほんの一分だけでいいのです（Dottò è questione 'e 'nu minuto!）。この紳士は至急パスポートを作らねばならんのです。月末前にアメリカに出発しなくちゃならんので。」

こういう場面では必ず見物人がだれか居るものだし，そのうちには，引き渡しのために出てきたバルのボーイが必ず居る。

質屋のベンチに座る男

配管工
ブリキ屋

私の間違いでなければ、セストリ・レヴァンテで数年前、正書法に間違いのある看板を出した商人に罰金が科せられたことがあった。不運にもリグーリア地方でこの配管工が生業を営んだとしたら、どんな罰が科せられたことか、想像もできない。

なにしろ実を言うと、最初の語を除き一つとして正しく書かれてはいなかったのだ——IDRAULICO RIPARAZZIONI SCALDABACNI E CUCIN IMBIANDI DI AQUA E CASSO（配管工——自動湯沸かし器, 台所の水道・ガス設備修理）というように。ここでのCASSOはガスのことらしい。

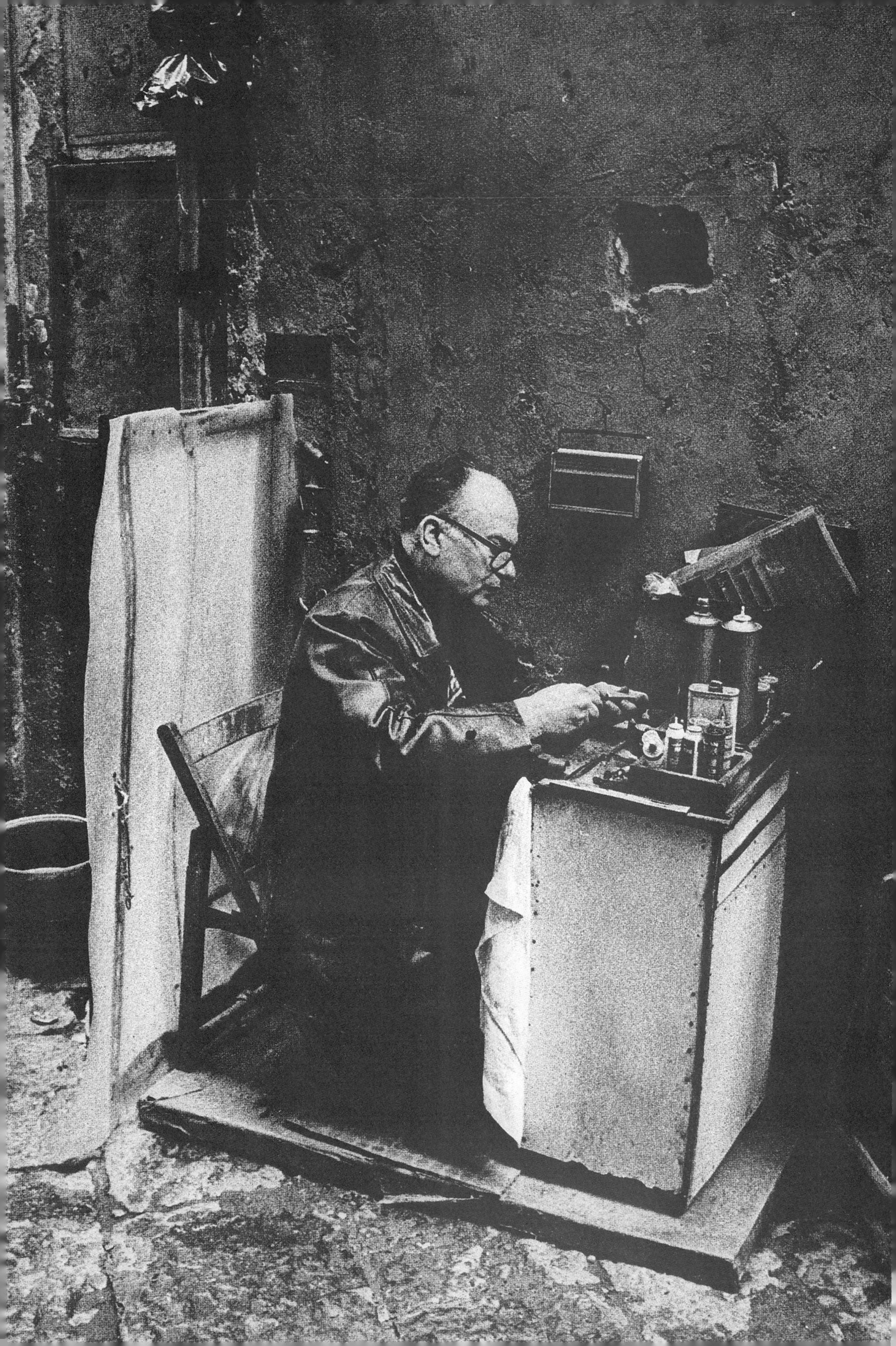

RESTAURA
DEI
6 dozz. normale
OFFERTA SPECIALE
nuov
OL
OFFERTA

椅子編み女

　老人たちは昔から何でも保存する癖があるものだ。たとえば，私の母は決して物を捨てなかった。「まだ役立つかも知れん」と言うのが口癖だったし，こうして家具は無用の品物であふれていた。これらは普通ならごみ箱行きのはずだったのに，母から周到に愛情深く脇にどけられたおかげで，僅かに残った価値を取り戻していた。

綿のとれた綿の糸巻き，薬箱，鉛筆の残り，使い古した鉢，古いカレンダー，空の香水瓶，包み紙，古手帖，ひもだらけの靴箱，等々。ひも箱の上には，《短か過ぎるひも》と書かれていた。私たちはそのため，母を少しばかりからかったりしたが，何か問題が生じると，母にすがったこともあった。

「ママ，カモシカの皮一切れありません？」

「ちょっと探してみよう」と答えて，母はコモ風の引き出しを開けに行った。でっかい引き出しであって，ごちゃごちゃした品物で一杯だった。5分後に，母は皮の切れ端で一杯の古いチョコレート・ケースを持って戻って来た。

「さあ，お前に役立つ物があるかどうか，見てごらんよ。」

この裏にひそむ哲学は反消費主義だ。品物は世襲財産と見なされてきたし，したがって，永久に使われねばならなかったのだ。それの酷使を増進させるために，ときにはちょっとした犠牲に訴えられることもあった。たとえば，私は寸法がぴたりの新しいオーバーを持ったことがなかった。オーバーを買うときには，私どもが成長期にあり，すぐ大きくなることを考慮して，当時よく言われていたように，《だぶだぶ》のものが当てがわれたのだ。1号ないし2号大き目のものがよりよい利用を請け合っていた。だから，袖が指先を少なくとも5センチはみ出して，まるで私が短肢奇形のように見えた年もあれば，同じ袖が手首に届かない年もあった。こういう考え方は私たちが貧乏だったからなのではなくて，むしろ，当時の私たちは数軒の家を所有していたし，ともかく私たちは裕福と呼ばれるべきだったのである。

靴のことは言わずにおこう。靴に対してはわが家では然るべき尊敬が，いわば崇拝が払われていたのである。

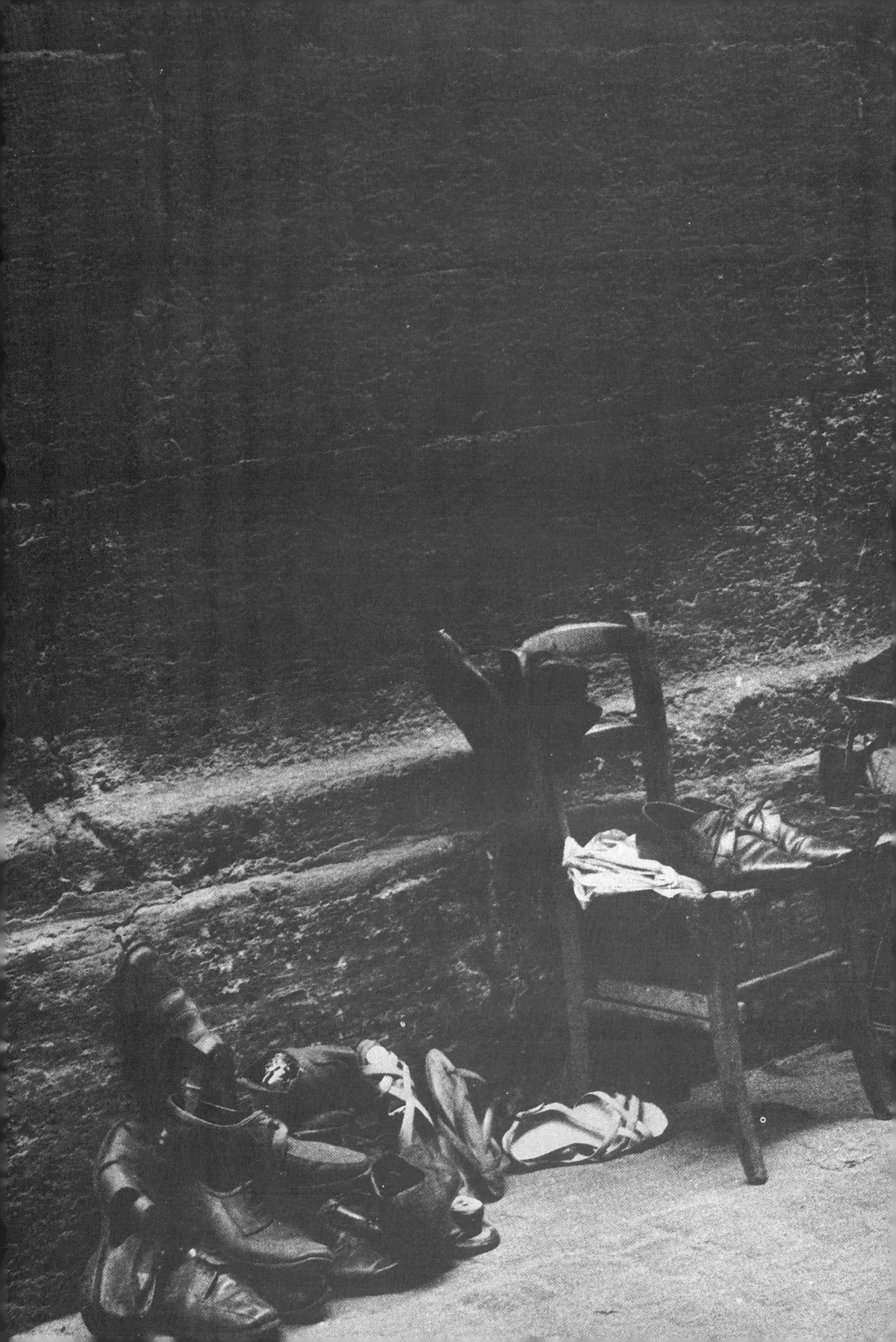

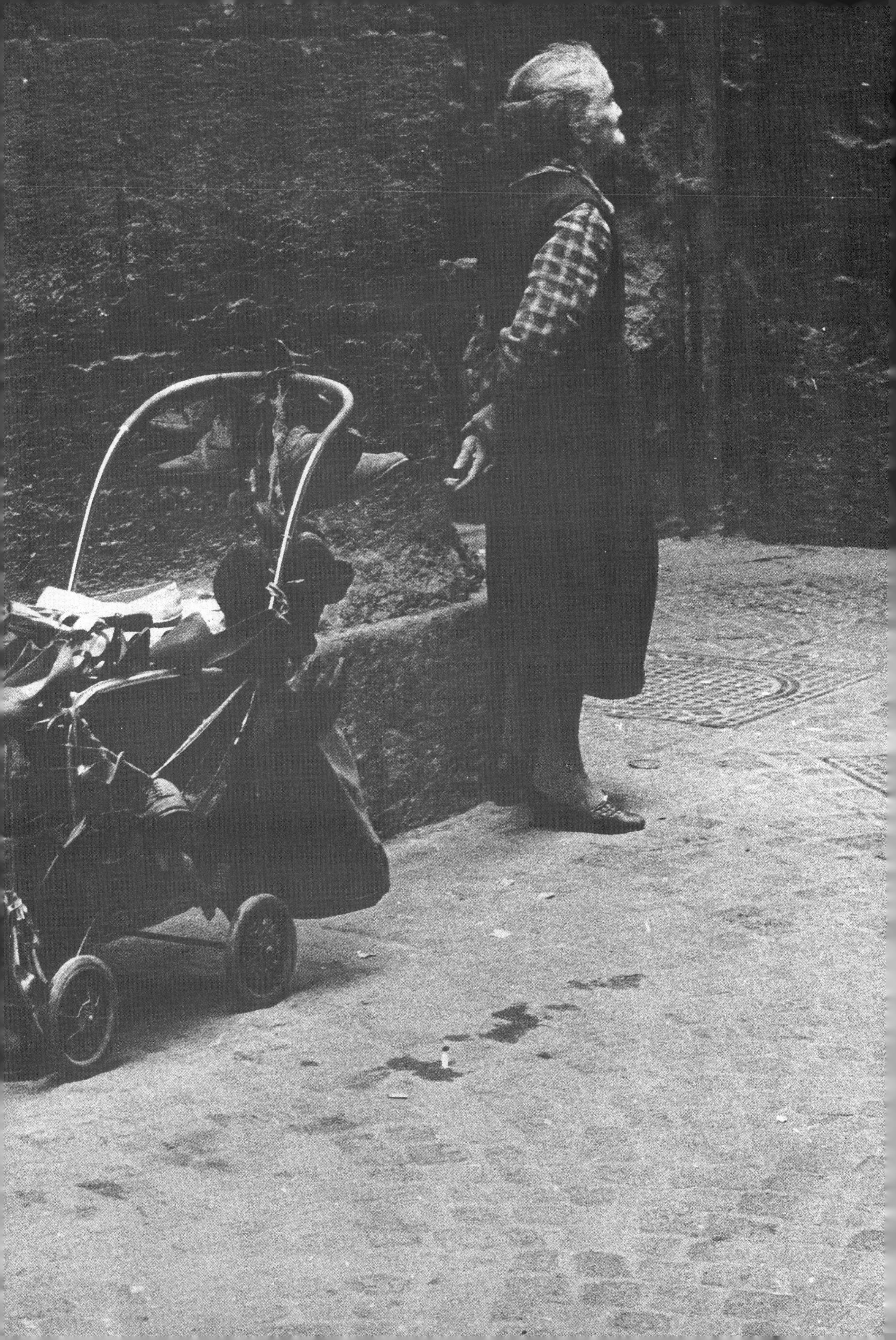

PIEDI DIFFICILI

厄介な足

底に穴があくとか，靴のつま皮にひっかき傷がつくとかは，ナポリの靴の平均寿命の一時的な不祥事に過ぎない。愛情をこめて世話され，注意深く磨かれ，新聞紙を適度に詰め込まれて，不都合な季節には安置されて，静かに越冬する靴は，翌年には再びその義務を果たすことを確信しているのだ。

どんな流行でも，ナポリの靴とその正当な持ち主との間にあるような，言わば心底の，愛情関係を破ることはできないであろう。

私の家では，靴の購入は一家全体を巻き込む特別な出来事だった。予備段階は母の公然たる通告で始まるのだった。

「子供の靴はもう捨てなくてはならないね！」

「小さ過ぎるのかい？」と当然ながら，父は尋ねる。

「いいえ，壊れてしまったの」と母が答える。

「なるほどな」と父は叫ぶ，「あいつはサッカー遊びまでしやがって！ 親父はどうせ夜，街中で泥棒をしているとでも思っているのだろう！」

それから家中の追求が始まる。その間ずっと，私は父の好奇心に靴を任せておき，トイレに閉じ込もって切り抜けるのだ。そうこうするうち，家族は短い相談の後，靴はもう底の張り替えがきかないから，新しく買うしかないとの結論に到達するのだった。

第二段階。電話でステファニーノと会う約束がなされ，エマヌエーレおじさんが呼び寄せられる。おじのエマヌエーレは靴のなめし皮に通じた親戚であって，靴を買うときにはいつもコンサルタントとしてお伴をすることになっていた。他方，ステファニーノはわれらのいとこの（ずっと昔からの）婚約者であって，キアイア通りの靴屋で店員として働いていた。良い奴だったし，いつまでも結婚式を行おうとしないことを許してもらうためもあって，ステファニーノは靴屋の店長にわれわれを親戚として紹介したのであり，これによってわれわれは30％値引きの従業員の権利を手に入れていたのである。

コートの場合と同じく，靴でも，すぐに1号上の寸法を尋ねられた（始めは，余分の靴を履くものよ，というのが母の口ぐせだった）。それからはおじエマヌエーレの番がきて，おじは靴をあらゆる方角から眺めたり，靴底まで臭いを嗅いだりした。そして最後に父の番になり，父は値段を訊いた。金額が知らされると一大事が突発した。父は二回目の怒りの発作に襲われたのであり，大声で靴の値段を繰り返

ある日のこと祖母が私に言った。

「ネンニや，お前に一つ贈り物をしよう。これは亡くなったおじいさんの靴だよ。これを売って，何か役立つものを買いなさい。」

金額はよく憶えていないが，その靴で7ないし70——とにかく7だった——リラを手にした。でも，私が売りに行った靴屋の顔はよく憶えている。彼は私の祖父の靴に対して軽蔑の仕草をし，「そいつはしっかりしているようだが，もう壊れかけているようなもんだ！」と言ったのだ。私は英国製の靴なんだよと懸命に繰り返して言ったのだが，彼はいつも答えるのだった——「若いの。そいつは靴底ではなくて，聖体（オブラート）だよ！ その靴で第一の聖体拝領くらいはやれるだろう。トレド通りに散歩に出掛けて，昇り降りを1回やれば，そいつを捨てねばならなくなるだろう！」

でも，とうとう彼は靴を買ってくれた。ナポリでは靴はいつも生き残れる最後の限界まで履き尽くされるのだということに留意しておかねばならない。靴

し叫びながら、少なくとも私の横つらに平手を一発喰らわせようとした。けれども、母とエマヌエーレおじさんが、私たちのことを熟知していた店員たちに助けられながら、私の周囲に一種の方陣を形づくったのであり、そして、ステファニーノは店長に低姿勢になって、自分の親戚の不穏当な言動を詫びるのだった。

それからやっと落ち着いてきて、父はゆっくりと1リラずつ財布からお金を取り出しながらも、店長に私の悪口を言ったり、脅迫めいた視線を私に向けたりした。

「今度壊してみろ、分かったな！」（Mò vide d' 'e scassà, 'e capito!）

でも、古い靴の話に戻るとしよう。どんなふうに終わっていたっけ？　捨ててしまったのだっけ？　いやいや全然。ナポリでは、靴にはいつも未来があったのだ。それらは磨かれつや出しされ、中に新聞紙を詰められて、石鹸屋（saponaro）が通り掛かるまで置かれていたのだ。さて、ここで私たちは路地経済のもうひとりの典型的人物のことを描述しなくてはならない。これはいわゆる回収業者であり、石鹸屋と呼ばれていたわけは、かつてはぼろや使い捨て用品を買い求め、代わりに自家製の石鹸数個を手渡す習慣があったからである。「ボロ対石鹸」（Cà 'a pezza e cà 'o sapone）という言い方は今日でもなされており、これは或る品物を同時に対価交換することを強調するものである。今日では、石鹸屋はもう石鹸ではなくて、小銭を渡すだけになっているのだが、それでも使用済みの品物をとことん使い尽くすという原則はしっかり保たれているのだ。石鹸屋から靴は特別な靴直し——靴屋の真の"バーナード"〔(1922－)南アフリカの心臓外科医。1967年に世界初の心臓移植に成功した〕に委ねられたのであり、こうして、私どもの愛しい古靴は新しい生命を注入されて、繁昌している中古品市場に送り込まれることになるのだ。

ナポリの靴直しに関しては（方言で"ソラキアニエッリ" solachianielli と言う）、レナート・フチーニが1877年の旅日誌に書いている、素晴らしい描述のことが思い浮かぶ。『ナポリ見たまま』の中で、フチーニはいつも目を地面に向けたまま歩いて行く行商職人を見掛けたと語っていた。その男こそ靴直し（ソラキアニエツロ）だったのだ。靴のかかとのどんな小さな欠陥とか、靴の上皮の摩耗の始まりとかでも、この靴直し（ソラキアニエツロ）の熟練した、好奇の目から逃れることはあり得なかった。その瞬間から、犠牲者を取り逃がさなかった。猟師はこの哀れな人の後を一歩一歩

つけて行き，その人に靴の終わりが近づいていることを絶えず思い出させるのだった。へとへとの犠牲者と無慈悲な猟師が，必要な修理のために小壁を背に並んで座るまで，この追跡は終わらなかった。

だが，先ほどの再生させられて，新たな買い主を待っている靴にもう一度戻るとしよう。ナポリのコルソ・マルタでは，火曜日と金曜日に大きな靴の青空市が開催されるのである。値段はひどく廉いし，売り手たちはみな原価を割って販売できるかのような印象をかき立てる。生産工場の突然の倒産で，うまくまとめ買いできたからだと囃しながら。

「靴の見切り売りだ，靴の見切り売りだ！」
('E scarpe 'e blocco! 'E scarpe 'e blocco!!!)

コルソ・マルタでの市場の鬨の声だ。新品の靴を扱うこの市の縁には，中古靴の販売も繁昌しているのであり，ここでこそ，かつて私たちが石鹸屋に売り払った古靴も見つかるのだ。言うまでもなく，もうそれがどの靴かは識別できないし，売り手はものすごく巧妙である。

「若いの，この靴はほんとに買い得だぜ！　さる侯爵が急に出発しなくてはならなくなり，ナポリのホテルに忘れちまったんだよ。新品同然だぜ！　その侯爵が足を通したのも，一，二回だけだよ。」

靴は売られ，履かれ，靴底の打ち直しがなされ，再利用されるのであり，ついに第二の所有者も現実の前に降伏する時がやってくる。もはや手の施しようがない。しぶしぶながら，靴に対するその後のあらゆる権利は施しとして最下等の石鹸屋にただで譲られることになる。今となっては一足の靴に時間を費やすことを靴直し職人でさえ拒否するし，実を言うと，その靴にはもう人間味がまったくないのだ。しかしそれでも，一つは石鹸屋の強情さのせいで，一つは私たちみんなの内にある挑戦欲から，その外科医は手術を決意し，二足の不治の病を宣告された靴のせめて片方でも救出しにかかるのである。

古くなり，しわだらけになり，摩滅させられ，思い出の詰まった私たちの靴が，かつての仲間の一部分を移植されたおかげもあって蘇生させられ，未亡人ではあれ，打ちのめされることなく，不屈にも私たちを眺めている。それはだれかパートナー（つまり同じような靴）の到来を待つことになる。今一度コルソ・マルタの陳列台の"半端な靴"区画の上に姿を現わすために。

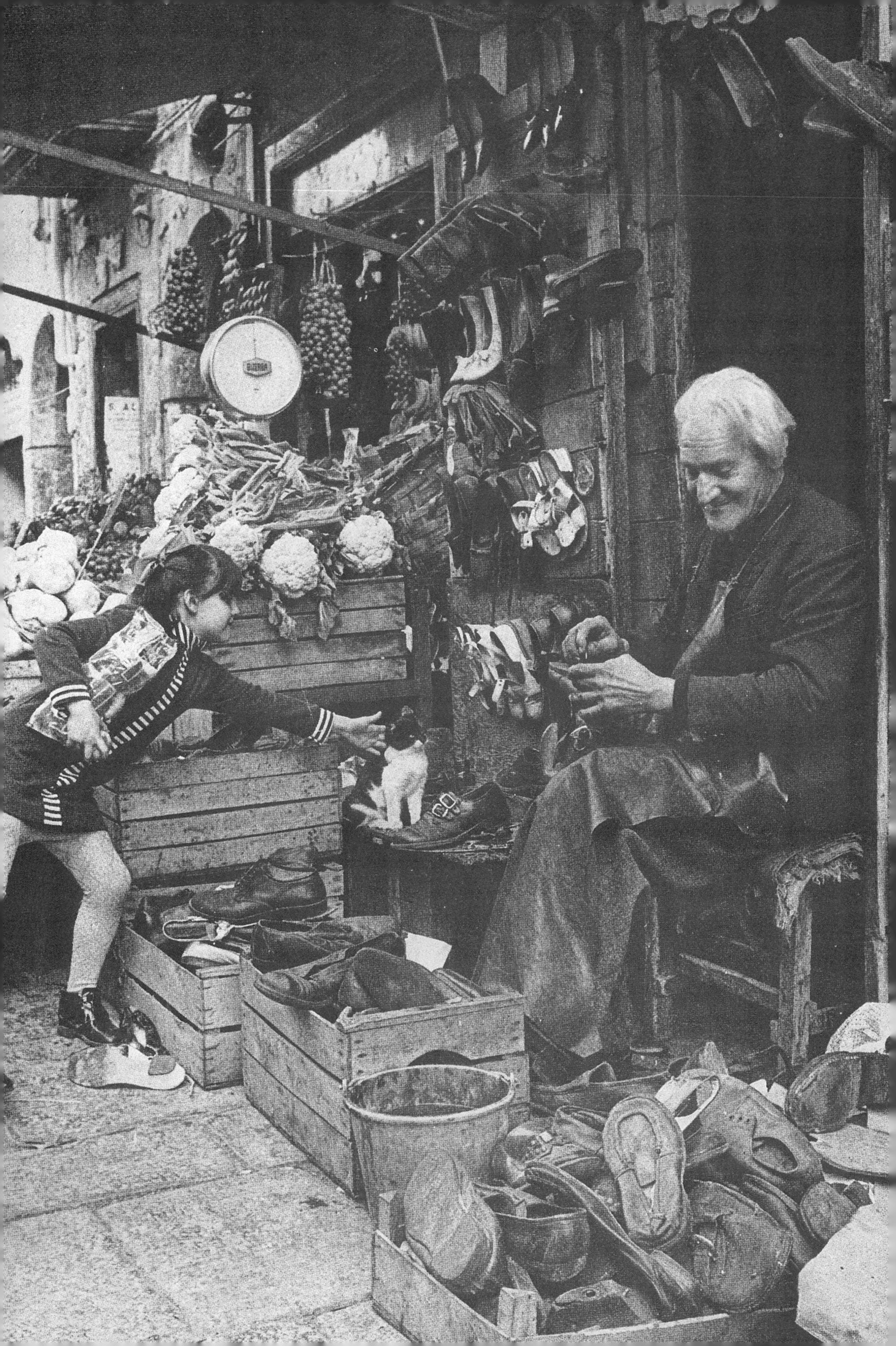

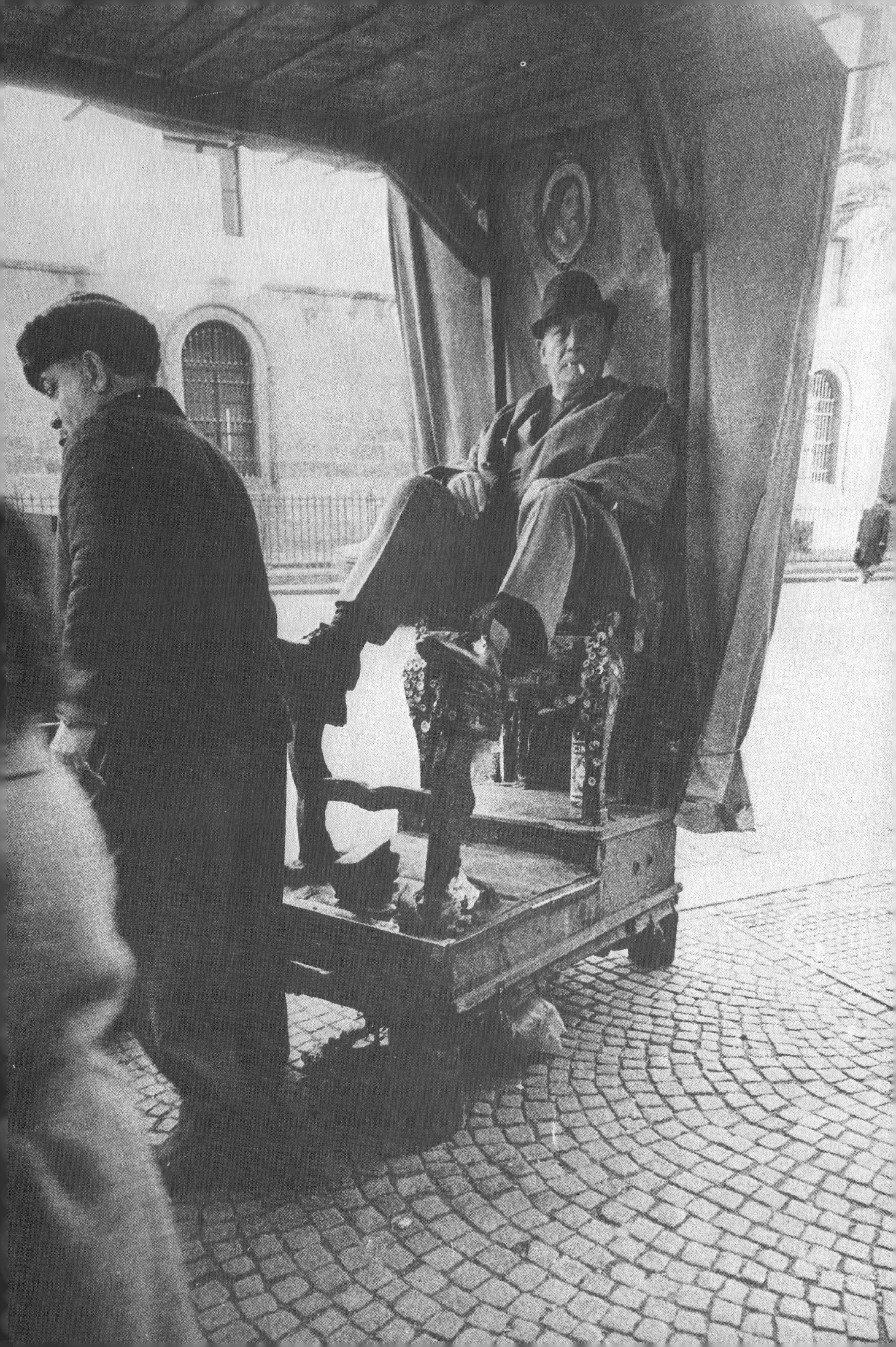

この"半端な靴"のことを，私はかつてニーノ・マンフレーディ〔イタリアの喜劇役者〕に話したのだが，彼は私の予想したとおり，信じようとはしなかった。私のいつものナポリ幻想の一つぐらいに思ったのだ。せいぜい，何年も以前の話だろうと思うことができただけだった。さて，映画『賄賂(わいろ)』を撮影するためにナポリに赴いたとき，私はニーノに市内全体を案内したのだが，他のいろいろの人物に混じって，例の"半端な靴"の販売人をも紹介した。

「すみませんが」とニーノは彼に尋ねた。「これらの靴は少しばかり不揃いなんですが？」

「いいや，旦那。ぴたり同じですよ。」
(Nossignore, signurí, sò tale e quale.)

「でも私には違って見えるんだけど。」

「お宅は間違っていらっしゃる。」

「間違っているって？　こちらのほうがやや短いですよ。」

「どういう意味で？　これらの靴がお宅に違って見えるのは，動いていないからですよ。履いて歩けば，すぐさま同じように見えます。お宅もご承知でしょう，靴の役目が何かということを。歩くためですね。人は歩くとき，片方は前に，もう片方は後ろに，片方は前，もう片方は後ろに来ます。さてそのとき，それらの靴がまったく同じだ (cà nun sò tale e quale) ってだれが気づくでしょうか？」

「そのとおり。でも，それじゃ私は立ち止まれませんな！」

「なんとおっしゃいました？　立ち止まられるときには，ご自分が今ちょうどやっているように，素知らぬ振りして，片足をもう片足の上のほうに置けばよいのです。こうすりゃ，何ごとも丸く収まりますよ。」

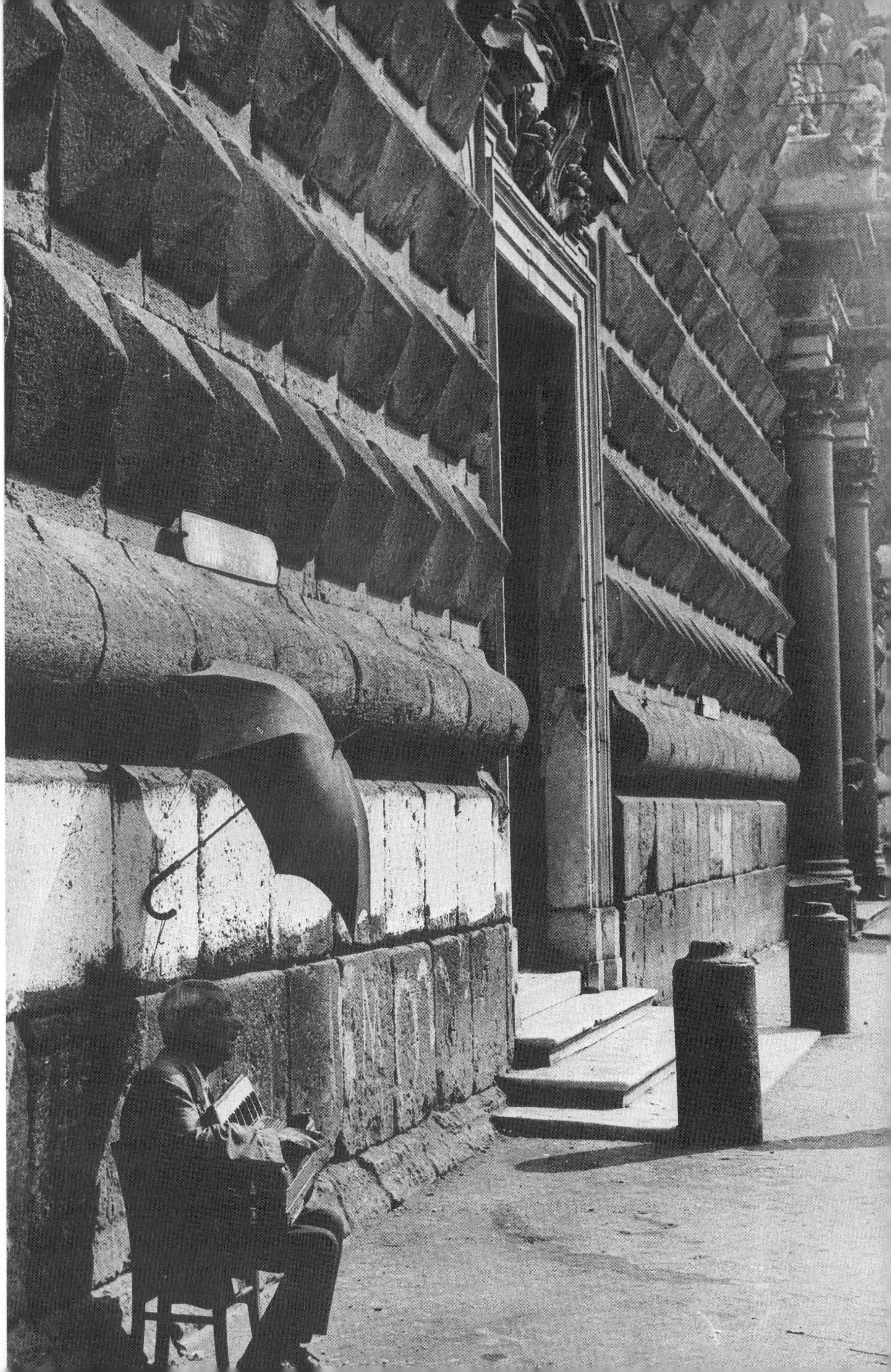

ラッファエーレ・ヴィヴィアーニの詩
「物もらい」（'o puveriello）より——

'O puveriello 'e chiesa è 'nu mestiere
che ave bisogno d' 'a figura adatta.
Si ce mettite 'na perzona chiatta
se va a cuccà diuno tutt 'e ssere.
（教会の物もらいはぴたり合った体格を
必要とする職業だ。
もしも太っちょを教会の前に置けば，そいつは
毎晩お腹を空かして眠りにつくことだろう。）

「もしもし，……そちらはナポリ銀行でしょうか？」
「そうだったら素敵だけど！」（Fosse 'a Madonna !!!）

RIDOTTO IN
QUESTO STATO
DAL COGNATO

義兄のせいで俺はこうなっちまった

1970年代にはイタリアのほとんどすべての大都市に男の売春が拡がっていた。男色者(おかま)の数が女性の同業者の数より上のこともしばしばだった。けれどもナポリでは，"プロたち"は「真の女郎」(Puttane vere) なる札を掲げて，自分たちが本物であることを主張しようとしていたのである。

サン・グレゴーリオ・アルメーノという路地では，キリスト降誕の模型（プレゼピオ）のための羊飼いが制作される。サン・グレゴーリオ・アルメーノはまた，この都を生き永らえさせたいという意志をもっとも明白に体現している通りでもある。つまり，11月には墓地の墓のための紙作りの花が売られるし，12月にはクリスマスの飾りやプレゼピオや羊飼い用の，色とりどりの市場と化すし，1月には御公現の祝日〔1月6日〕のために前夜に子供に贈るおもちゃが売られる，等々。サン・グレゴーリオ・アルメーノは訪問者に対して，毎月，もっとも必要とされる品物を展示している。

「このプレゼピオの背景(バック)はいくらです？」
「ドットーレ、あなたなら8000リラですよ。」
「8000リラだって？　あんた、気でも狂ったのかい!?（Ma fusseve asciuto pazzo ?!）昨年3000リラだったんだが、それでも儂は買おうとしなかったんだぞ！」
「昨年、私がこのバックを5000リラ以下では売らなかったということを別にしても、あなたがそれをお買いにならなかったのは残念でしたね。だって、このタイプのプレゼピオのバックを今日日(きょうび)作るには、材料だけでも3000リラと、それに2日間の労働を要しますからね。それから、銀の小星、ほうき星、雪を作るための小麦粉（'e stelletelle 'argiento, 'a cumeta e 'a farina azzeccata pe fa 'a neve）も入れたうえで、全部の計算をなさってくだされ。」
「オーケー。儂は馬鹿なことをしたな。ほら5000リラ出すよ。」

「いや、ドットー。お気の毒ですが、あなたの御意に召すわけにはいきません。テーブルに一枚ずつ7000リラを置いてくださらなければ、バックを壁からはがすことは致しかねます。」
「それは大変だ！　儂はサン・グレゴーリオ・アルメーニオにもう行ってはいかんと言い聞かせていたんだ！　でもあんた、知っているかね、ウピム〔スーパマーケット〕じゃ望みの山が全部付いたポスターを2000リラで売っているんだぜ。ドロミテ・アルプスさえ見えているポスターだって出ているんだぞ。」
「それじゃ、ウピムでポスターをお買いになってください。そうすりゃ、お宅はクリスマスになると、御子イエスさまをドロミテ・アルプスの真ん中で降誕させることでしょうし、聖ヨゼフにはチロル人の服装をさせることになりましょうよ。（'o vestite 'a tirolese!）」

「名前は？」
「エルネスト。公認の不法自動車修理業者です。」
「公認って？ だれからの公認です？」
「ドットー，不法者たちからですよ。」
「いつからこの職業を？」
「25年前から。でも今じゃ私は年老いたもんで，この職を息子のサルヴァトーレに委ねようと思っているんで。奴は長男なもんだから，当然でさ。いいですか，ドットー。自動車修理業は今日日(きょうび)たいそう骨の折れる仕事なんです。以前だったら，ちょっと見て，それだけでよかったんだが，もうそうはいかないんで。今日日(きょうび)は，客が車を道の真ん中に止めたまま，《エルネ，ちょっと見てくれないか》(Ernè, vidatella tu)と，こうですからな。それで私はどうしたらいいんで？ おまけに運転免許証さえ持っていないんでさ。代わりに息子のサルヴァトーレがやって来りゃ，万事は一変します。奴なら，前後いずこへも運転できるし，大事な顧客もすっかり満足することになる。怒らんでくださいよ，ドットー。私の顧客にゃナポリで最高の弁護士たちもいらっしゃるんですから。」

GRAZIE A DIO
VENERDI
FILM SULLA MUSICA
VITA DELLE DISCOTECHE
ad entrata continua dalle ore 11 alle 22.15

ナポリ人が話すときには，周知のように，ありとあらゆるものの助けを借りる。手，顔，身体，等々を。上に掲げたのは，二人の好人物。だれなのかを知る満足は得ていないが。見たところ，どうやら二人は何かの裁判沙汰を話し合っているらしい。彼氏のほうは有力弁護士か，それとも，ただの"書生"（ナポリの法律事務所ではまだごくありふれた職業）かも知れない。それに対して，婦人のほうは焦眉の借家人の権利の問題を抱えているのに違いない。左上の写真では，女性のほうが話しており，男性は聴き役である。右上の写真では，役割が変じており，彼は話し，彼女は聴いている。顔からしても。

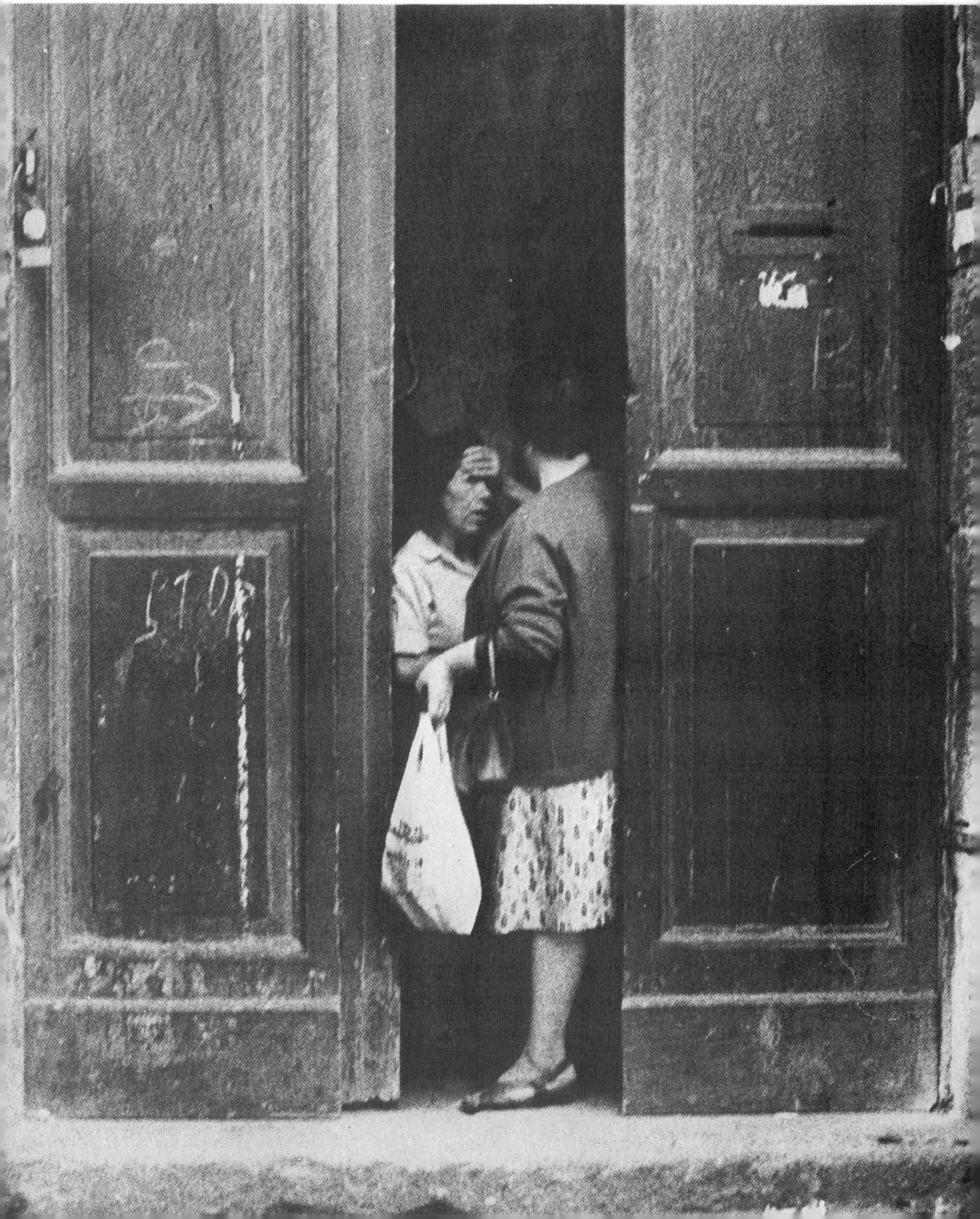

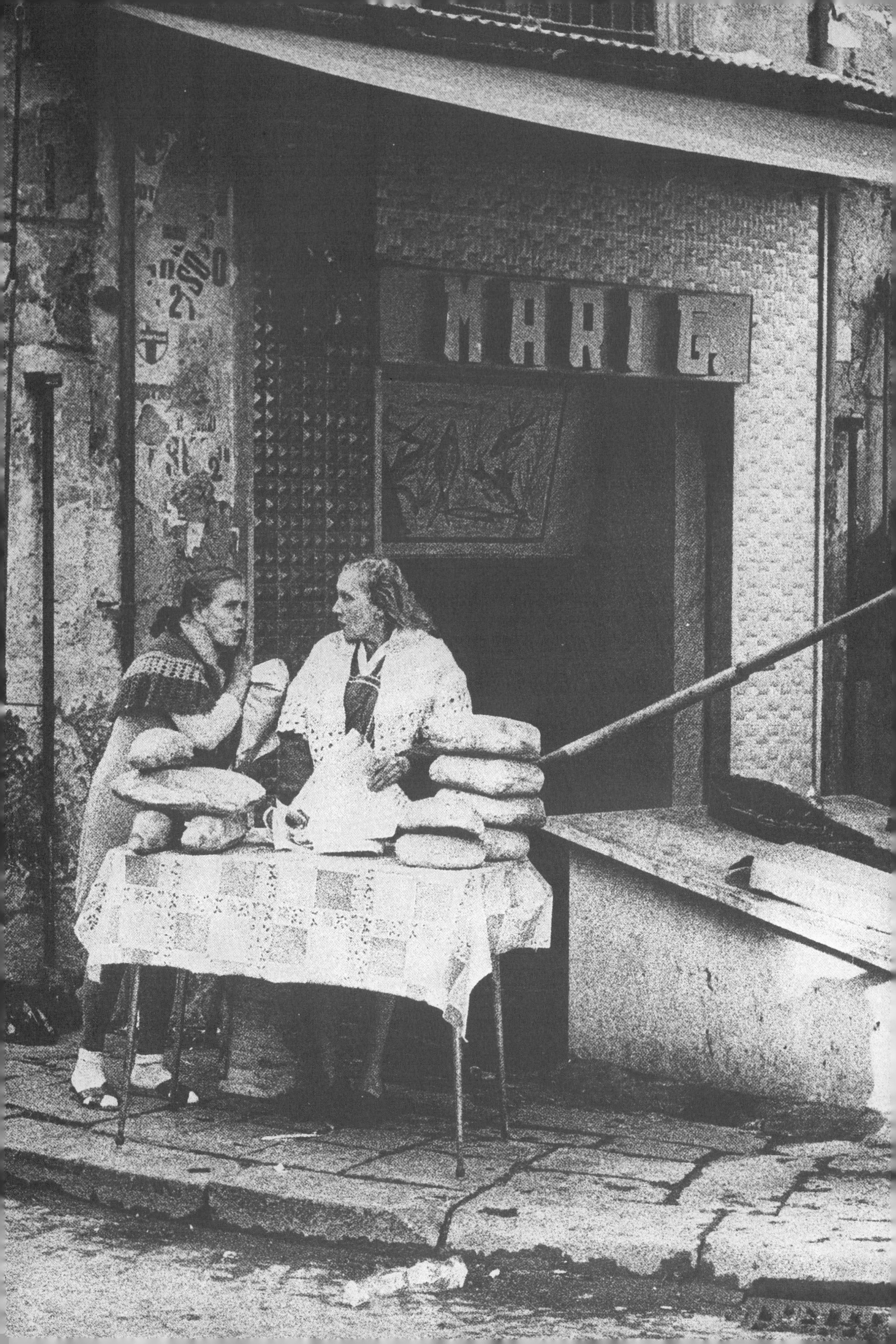
MARI

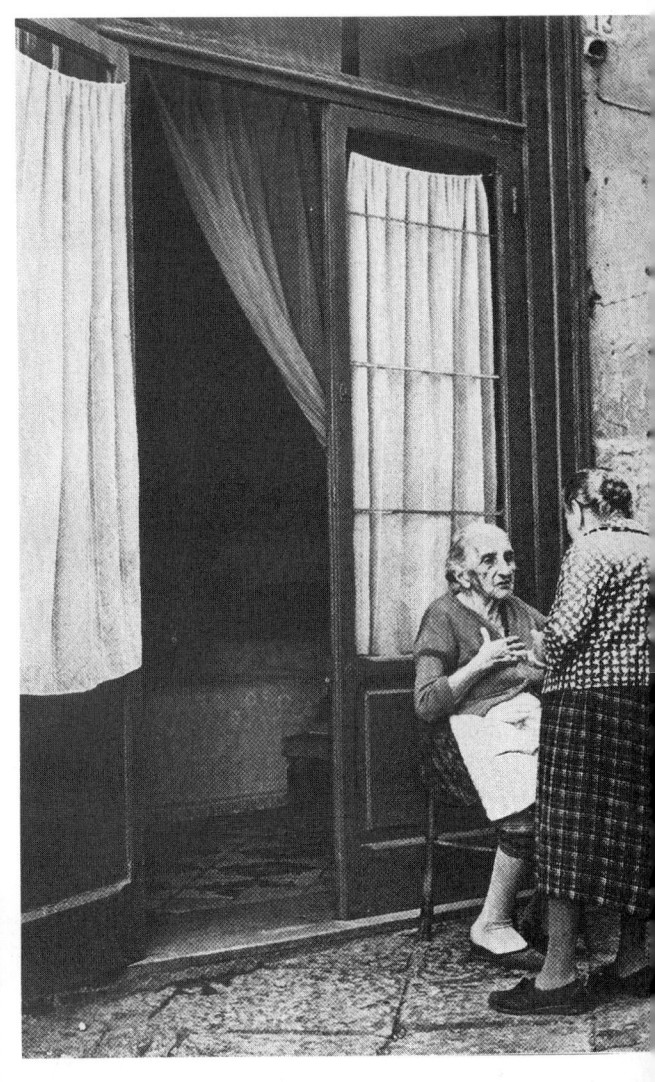

うわさ好きには祖国がないし、それは世界中に広まっている悪癖である。ナポリでは、それは"オ・ンチュチョ"（'o 'nciucio）と呼ばれており、動詞は'nciuciàという。この語の由来ははっきりしない。たぶん、二人が互いに耳打ちするとき、シュ・シュという音が聞こえるところから、この擬声語を表現したものなのだろう。この場合に見られるように。

ナポリの中のナポリ，サンタ・ルチーアのパッロネット

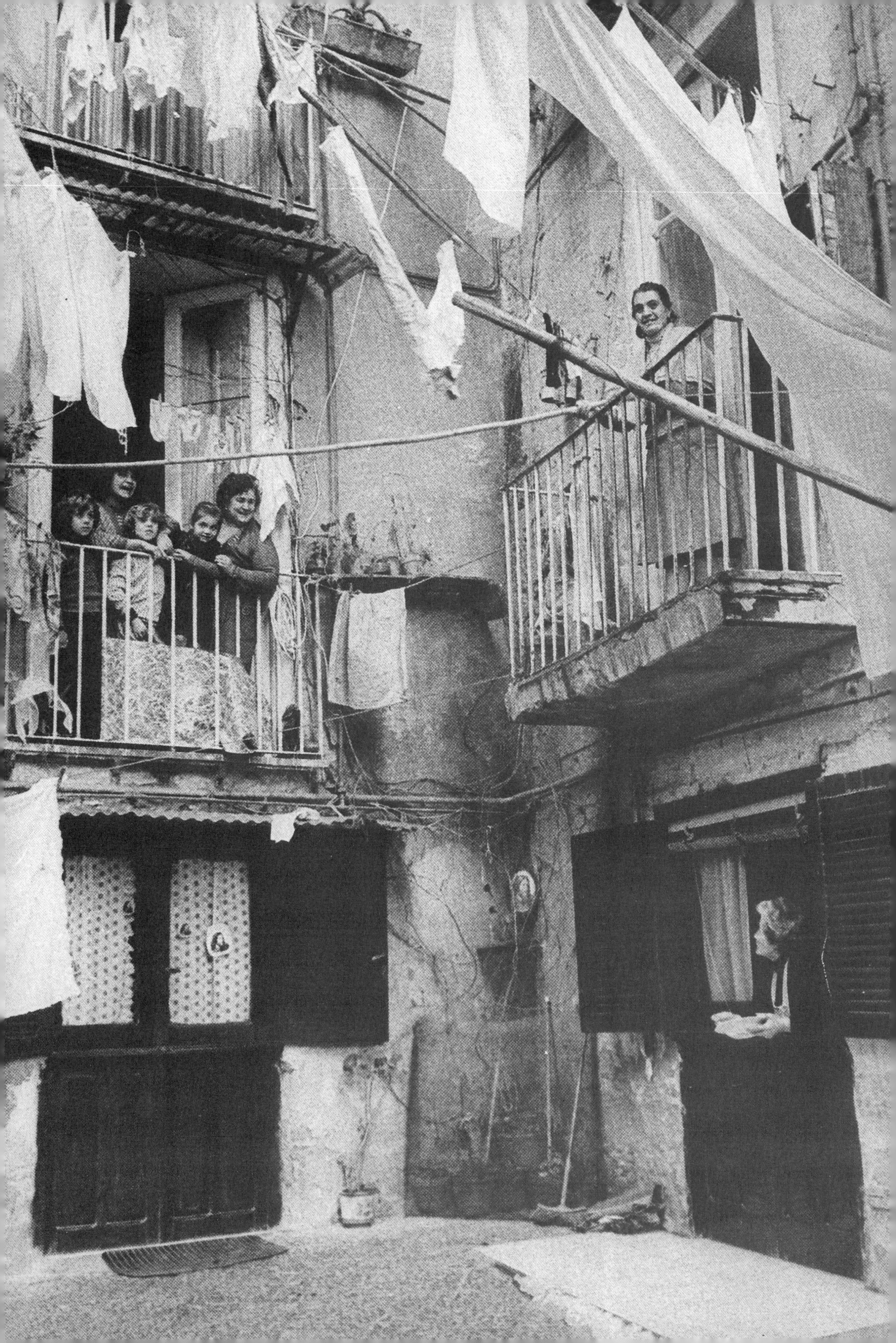

フォルチェッラ〔ナポリのもっとも品の悪い街区〕にて。叫び，大騒ぎ，けばけばしい色，洗剤，シガレット，ウィスキー，トランジスタラジオ，ポルノ映画，レコード，ライター，ドーナツ，ジーンズ，ビスケット。突如，少年が走り過ぎる。
「お巡りだ，お巡りだ！」（'A finanza 'a finanza !!!）と叫びながら。
すると万事が消え，万事が動き，万事が一変する。10箱入りカートンのタバコを売っていた或る婦人は，一瞬のうちに，タバコを小さな木製の売り台の内部に放り込み，その上に座し，それまで座っていた椅子を上に向けて，気狂いみたいに叫び始める。
「さあ，椅子だ……椅子だ……椅子を買っておくれ！」（'E seggie... 'e seggie... accattateve 'e seggie!）

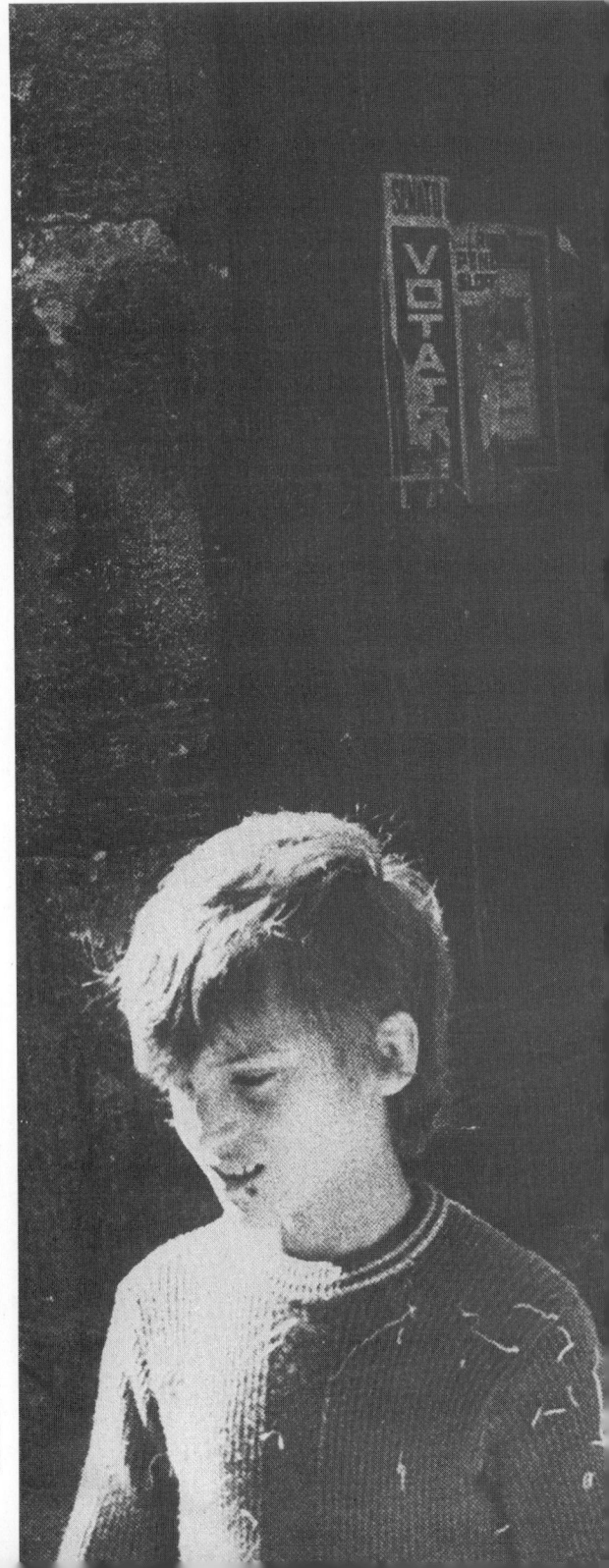

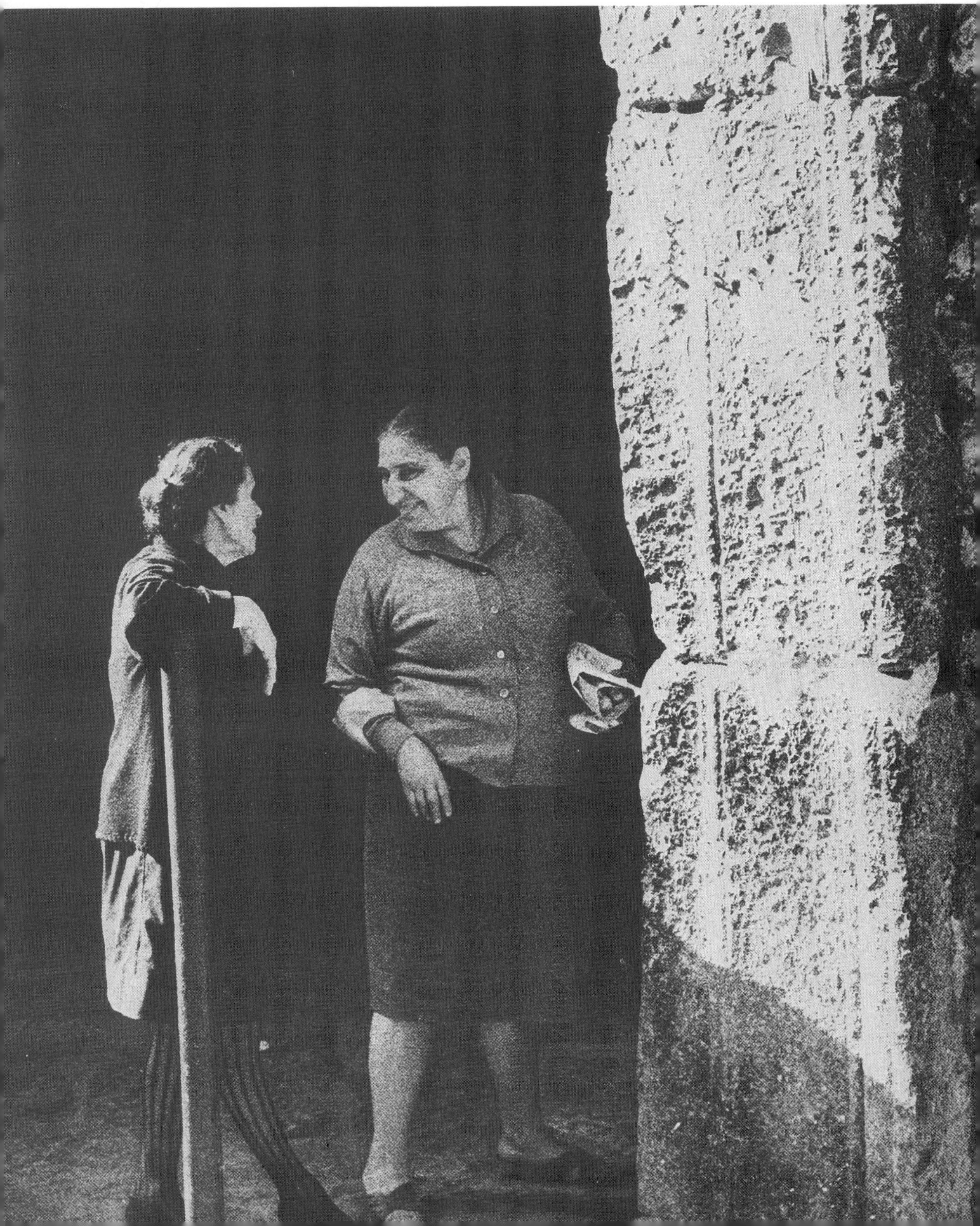

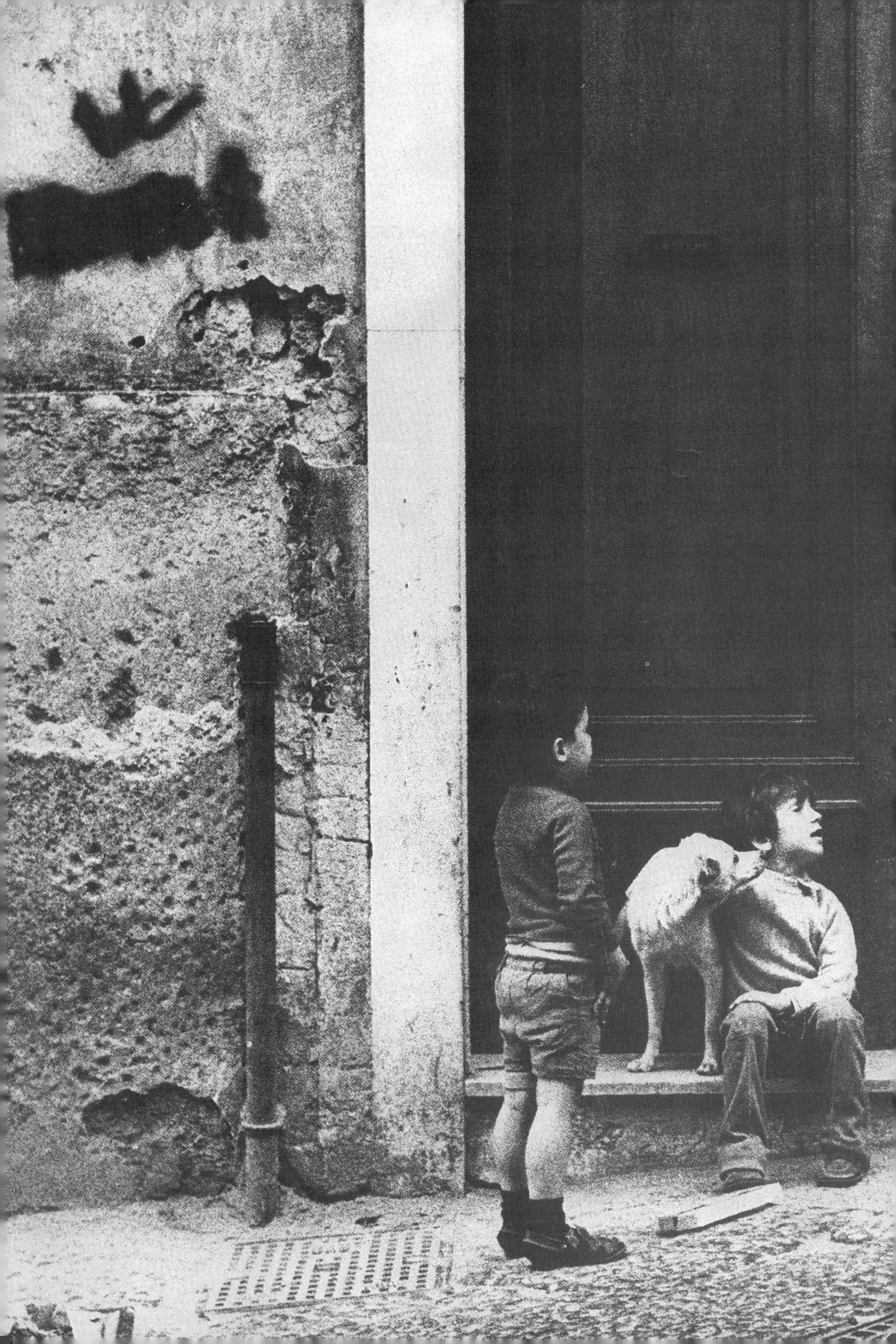

「アルマ神父，コーヒーは苦いのを飲まねばなりません。」
「後生だから，砂糖を入れてもらいたいね。あなたが知りたいんなら，砂糖は2個だ。」
「そりゃまずいですよ。コーヒーは苦くなくっちゃ，コーヒーではないですから。」
「だれでも好きなように飲んでよかろうが。」
「いえいえ，アルマ神父。別に我を通したくはありませんが，砂糖はコーヒーの味をすっかり台なしにしてしまいますよ。」
「そうとも。でも，苦い味が不快だということでは私に賛成してもらわないと。」
「ええ。でも，神父が苦い味と呼んでいられるものは，コーヒーを飲む瞬間にだけ感じられるのであって，その後は消え去ります……ところが，残るのは何でしょうか？　コーヒーの味ですよ。」

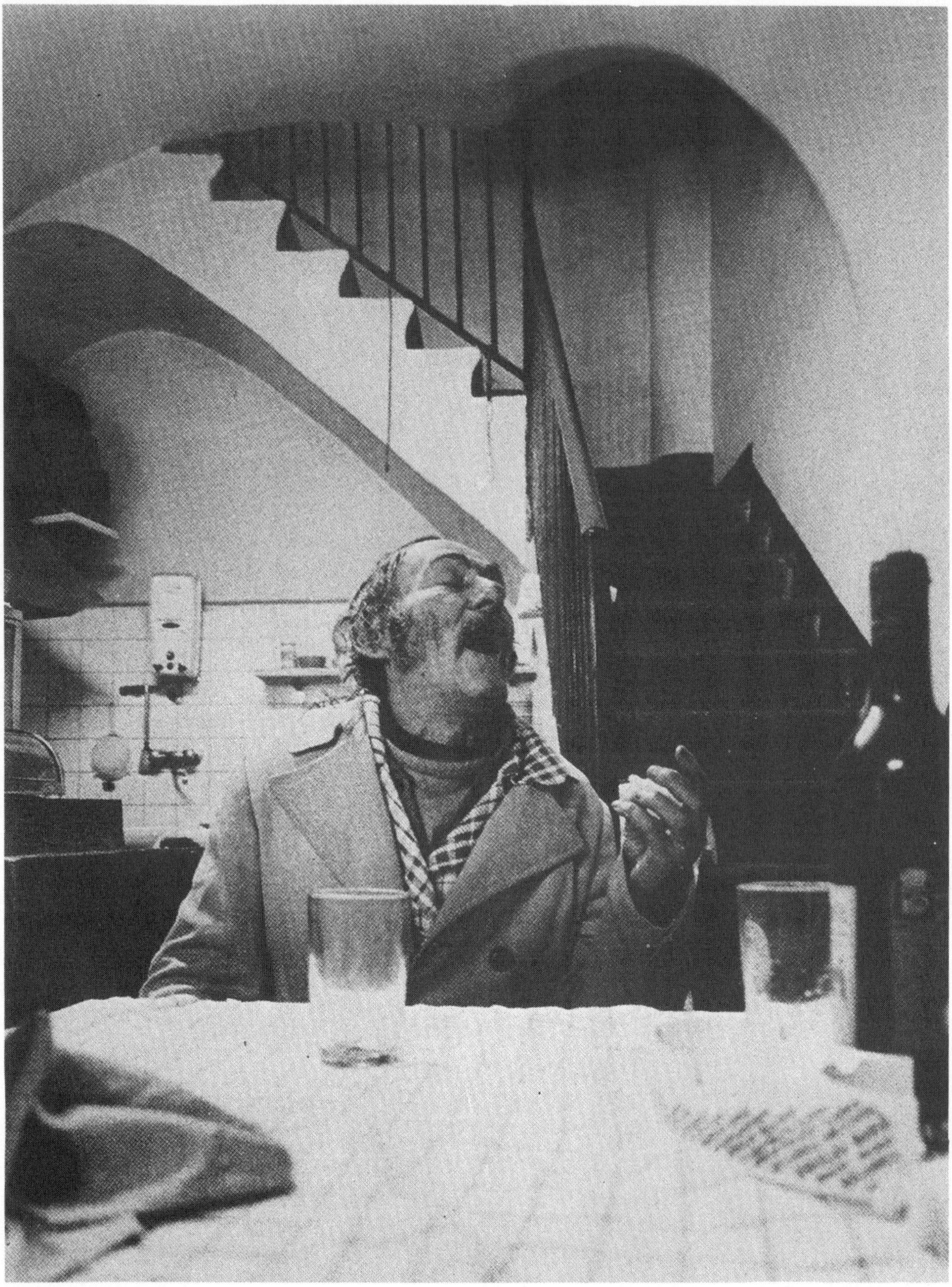

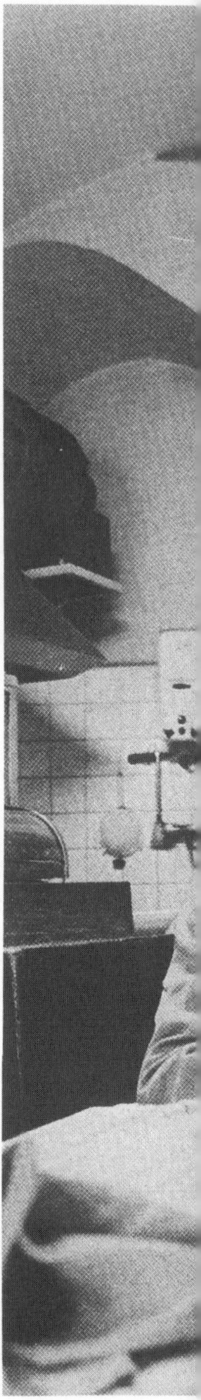

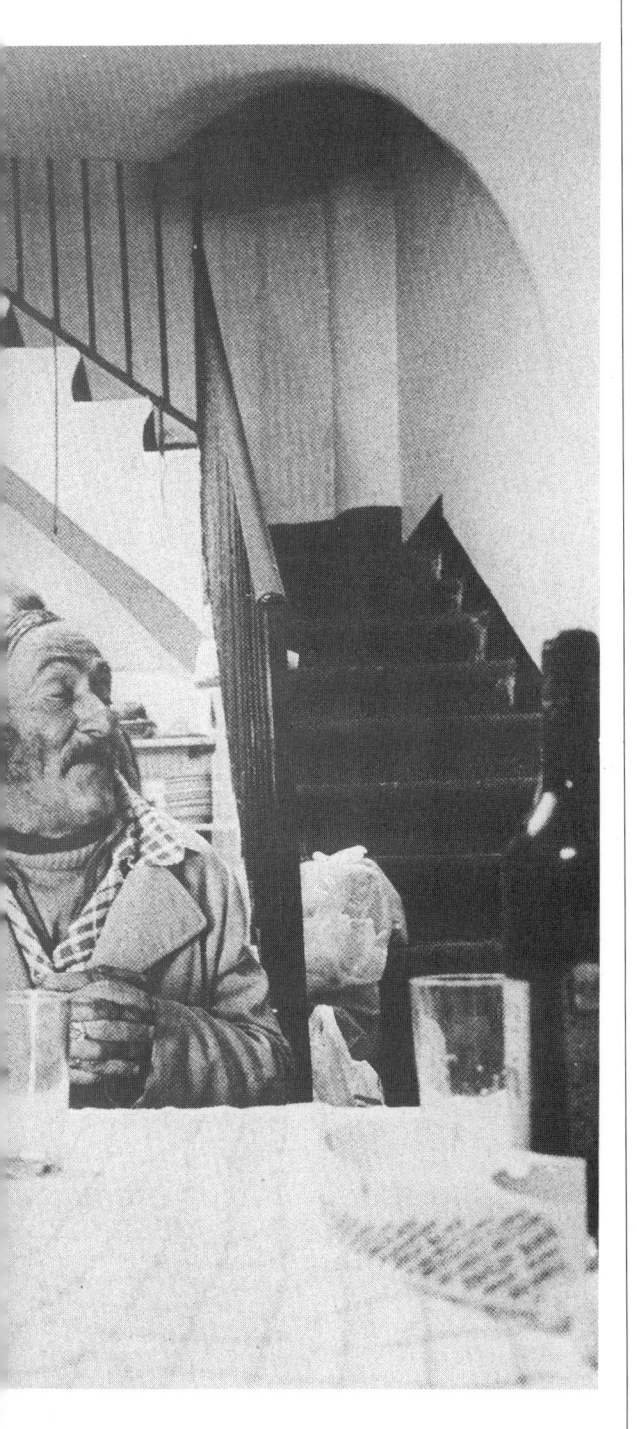

次はペッピーノ。かなり頻繁に彼と会っているのに，私は彼のことをあまり知らない。ペッピーノは《ヴィーニ・エ・クチーナ》の女将（おかみ）の常連だ。彼は入るなり何か歌い，彼の言い方によれば，自由意志の献金を集め，一杯のワインを飲み，出て行く。すでに『ベッラヴィスタかく語りき』にも記した人物のように，ペッピーノには決まった住所がない。どこにでも眠り，見張りのない車をしばしば拝借する。
「ドットー，昨晩はついていなかったですよ。4回も起こされたんです！　4回も！　拙者が眠り込んでいると，……10分後には車の持ち主が戻ってきたんです。ひと寝入りしたところを起こされることほど，つらいことはありませんよ！」
「何が起きたの？　何で腹を立てられたの？」
「ええ，あのとんまめが。連中は分かろうとしないんです，拙者が車中で眠っていれば，最上の盗難防止法だということを。賢い人たちなら分かってくれるし，思いやりだってあります。昨晩は1000リラも恵んでくださった人さえいたんです。ペッレグリーニ病院のお医者さんでした。先週はジャムで一杯のトラックの中で眠ってしまい，朝方，フィレンツェ近くで目を醒ましたんです。すると，トラックの二人のくそ運転手ったら，積み荷全部を拙者ひとりで降ろさせやがったんです。旅行切符を支払え，と。でも，フィレンツェへ行くことは拙者にはどうでもよかったんだ！（Ma a me che me ne 'mpurtava 'e í a Firenze ?!）ところでドットー。サクランボ・ジャム3箱，特価でどうです？　全部一級のものです。」
　ペッピーノが私に語っているすべてを，信ずるべきかどうか分からない。彼は私の前に座って，飲みながら，語るのだ。彼が言うには，長らく船長だったし，海戦では水雷艇に乗っていたらしい。断崖を敵船と見間違えて，魚雷攻撃をしたこともあったとか。このせいで，ガエタの監獄に送り込まれたという。すべてが本当なのかどうかと尋ねると，彼は微笑を浮かべながら言うのだった。
「ドットー，拙者，少々気が狂（ふ）れています。(Duttò, io sò 'nu poco pazzo.) お好きなように。」
　しかしナポリで気が狂れた（pazzo）と言っても，実際には何の意味もないのだ。*pazziare*（パッツィアーレ）は方言では*scherzare*（冗談を言う）を意味する。人が本当に気狂いになったと言うのであれば，"è asciuto 'nfantasia"（空想の世界へ入った）という。

ジョヴァンニーナ・リグオーリさんは，私の知る限り，ナポリ最後の髪結いである。カーペラ（capera）とは出張調髪師のこと。ジョヴァンニーナさんは83歳で，週に2000リラを受け取る。実に僅かなこの金額で，彼女は毎日みんなの家にやって来て，地区での主だった出来事を報らせてもくれるのである。写真右手は，仕事中の彼女の姿であり，写真左手は，髪に櫛をさしたまま，彼女の属するはるかな時代から，私のほうを見つめている。写真は1979年に撮られたものだが，ジョヴァンニーナさんに関する限り，いずれの世紀に属することもできるであろう。それに適さない唯一のこと，それは絶えず螢光を発する物質で一杯の，上下に翻る恐るべきランプが箪笥の上に吊るされていることである。まったく生活に似合っていない。

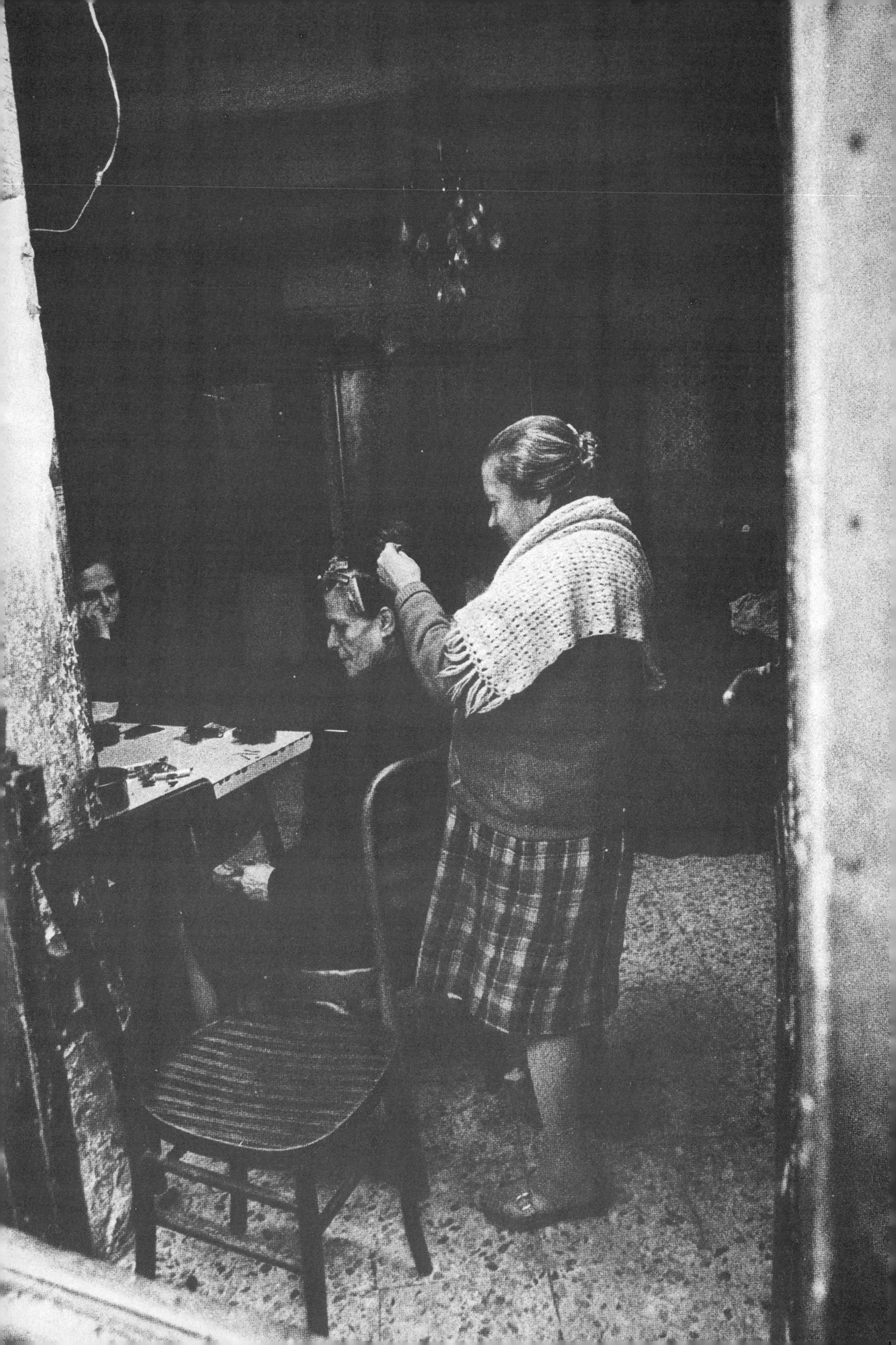

<ruby>私<rt> バッソ</rt></ruby>は旧市街（Quartieri）の散歩に出かけてみる。人びとの噂では、ここはナポリでももっとも評判の悪い地区の一つであって、男女の極悪な売買春が行われている所だそうだ。しかし、実は港町にはとりわけたくさん存在する場所の一つであって、ここでは、善・悪、詐欺・寛容、何でも見つかるのである。ここの地区全体はトレドの有名な副王ドン・ペドロによって16世紀に建設され、スペイン兵の宿舎に当てがわれていた。旧市街の路地は細かい網の目を形成しており、トレド通りを通って、上は高くなったヴィットリオ・エマヌエーレ大通りにまで通じている。

　私がそこで、特徴のある顔や場所を探していると、ひとりの婦人が私を呼び止め、私のズボンの折り目がほどけていると教えてくれる。

　「若い衆！」（この呼びかけは、年齢が何歳であれ、未知らぬ人物に対して広く用いられる）。「若い衆、ズボンの折り目がほどけていますよ！　注意しないと、折り目が靴の下に入り込むわよ！」

　「ありがとう、奥さん。だれかそれを繕ってくれる人を教えてくれませんか？」

　「次の路地にいらっしゃい。アルピニストのジェンナリーノが居るから。」

　「アルピニストって？」

　「そう呼ばれているけど、ズボン直し屋なんです。そこの角を曲がれば、正面に出ます。目につく最初の貧しい家に入って、こうおっしゃい――《肉屋夫人のドンナ・テレサから遣わされた者です（cà me manna 'onna Teresa 'a chianchera)》と。あれはなかなかな男でね。立ったままで（all'erta all'erta）もあなたのズボンを縫ってくれるし、あなたはわざわざ脱ぐ必要もないのよ。」

　私は彼女の指示に従い、バッソの中に入る。私は例のアルピニスト本人の所に来たことがじきに判明する。というのも、バッソの壁がいたるところ、山のポスターや写真ですっかり覆われているからだ。一目で、マッタホルン、モンブランの連山、マルモラーダを識別できる。他方ジェンナリーノに関しては、私は多少当惑を覚える。総じて登山に熱中した人びとは、たくましくて、ひげを生やした人物に決まっているし、顔は陽に焼けて硬くなっているものである。ところがジェンナリーノははげており、柔和な表情をしていて、登山家というよりもサラリーマンに近い。私が自分の問題点を説明すると、ジェンナリーノはテレサ夫人の予言とは違って、すぐに私にズボンを脱ぐことを求めた。私は下着になる。バッソのドアは開けっぱなしだから、私はもちろん困惑した状態に陥ることになる。しばらくしてから、平静を装って、私は少しばかり会話を始める。

　「山がたいそうお好きなようですね？」

　「私の大好きなものです！」

　「よく山へはいらっしゃるんで？」

　「いいえ。ナポリを離れたことはありません。」

　「どうしてです？」

　「怠惰だからです。たとえば見てください。私は30分前からのどが乾き、水を一杯飲みたいんだけど、それでも台所に行きはしません。立ち上がるだけでも面倒くさいし……山のことを想像してみてくださいよ！」

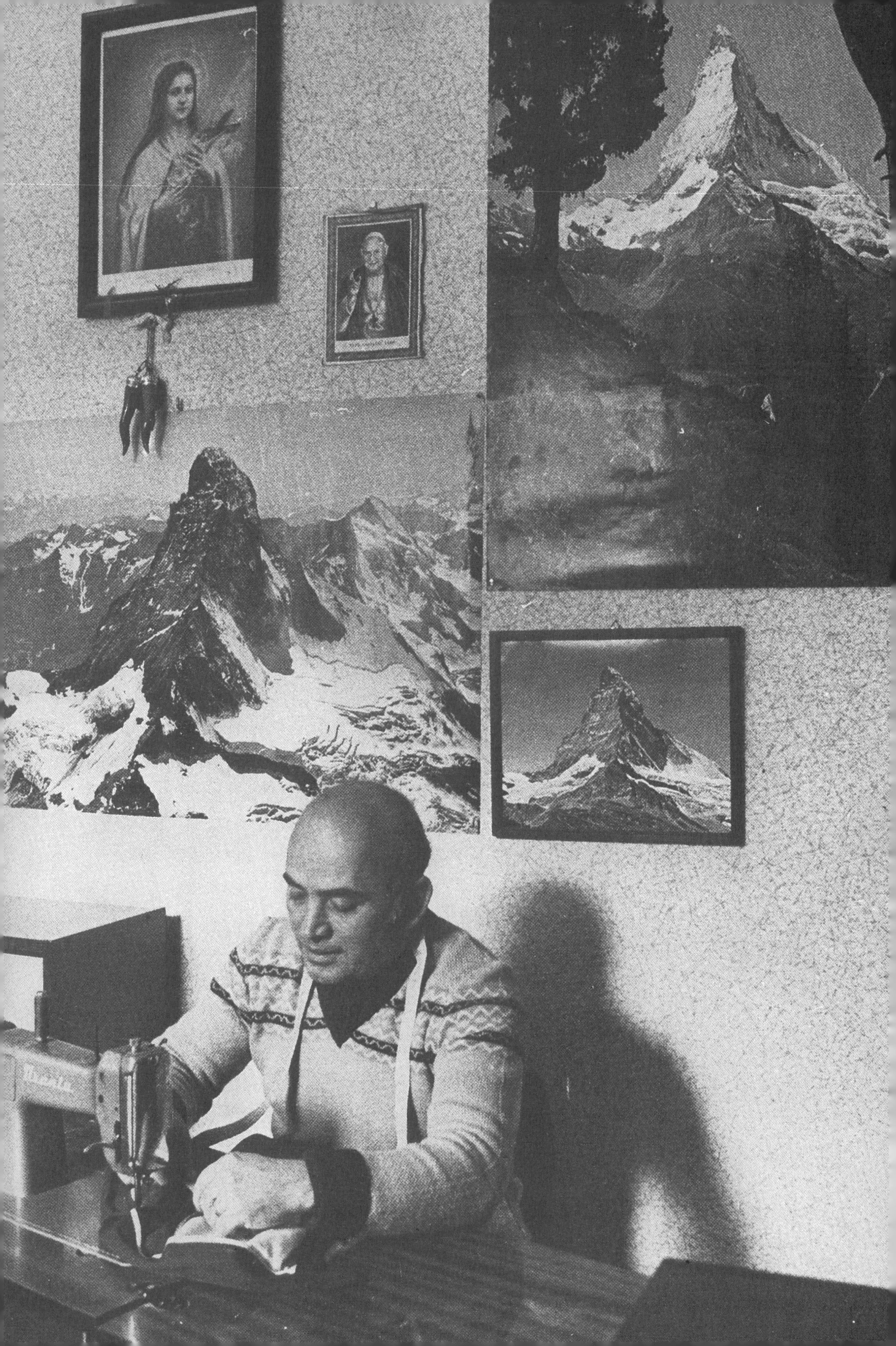

私はこの写真が好きだ。二つのナポリ。一つは古く、もう一つは若い。二つの違った方向が表われている。

アメリカ系ドン・ヴィンチェンツィーノは全世界を回ってきた——ヨーロッパ，合衆国，南アメリカを。織物行商人をやってきた。今や83歳。それで自分の地区サンタに戻ってきたのだ。朝，陽が昇ると，カヴゥール通りまで散歩することにしているのである。

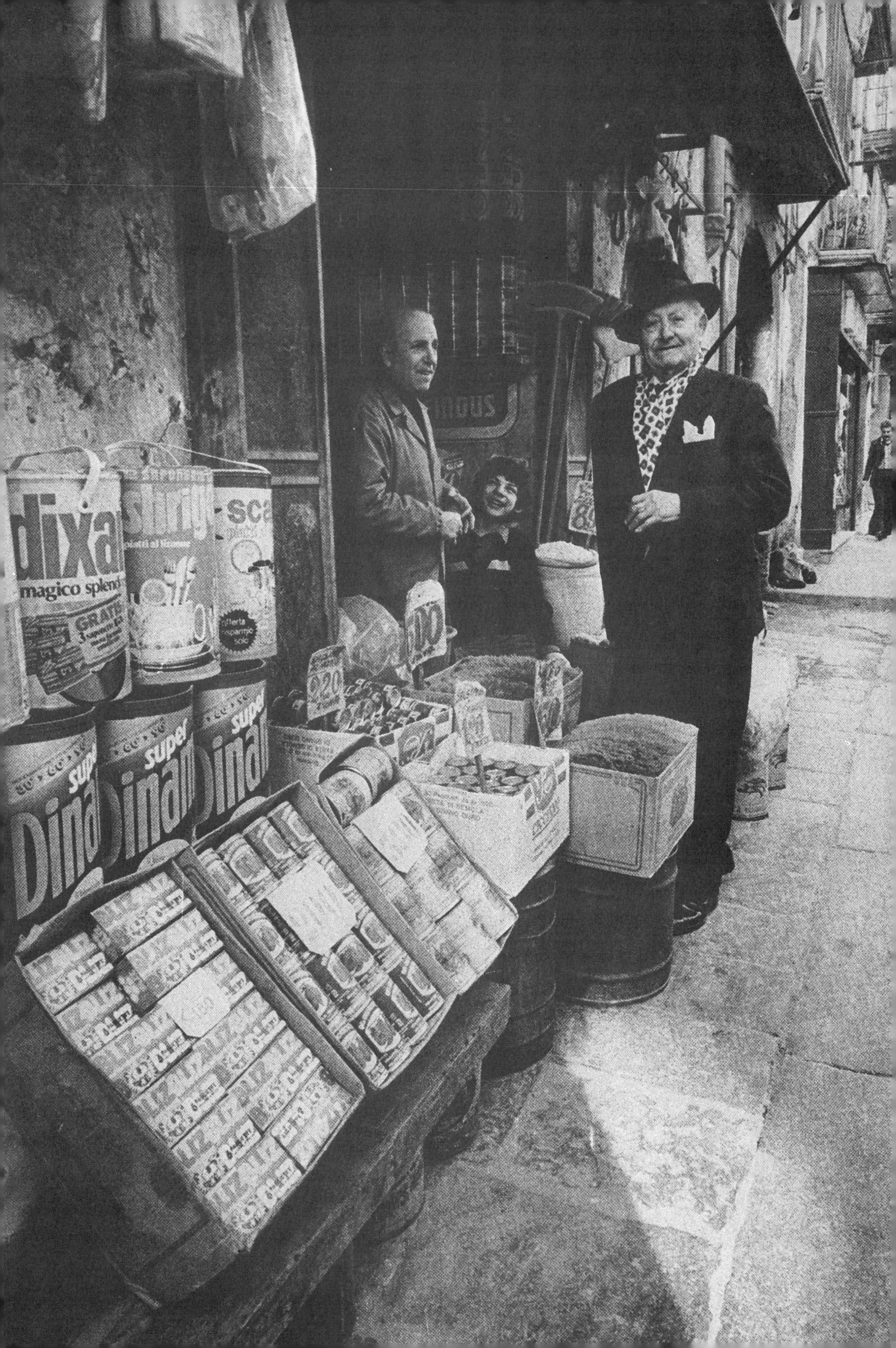
dixa
magico splend
GRATIS
sca
super
Dina
super
Dinam

16

私は君主制とはこんなものだと想像する——過ぎ去りし時代のことを考える老婆……貴族の宮殿……葬儀広告……

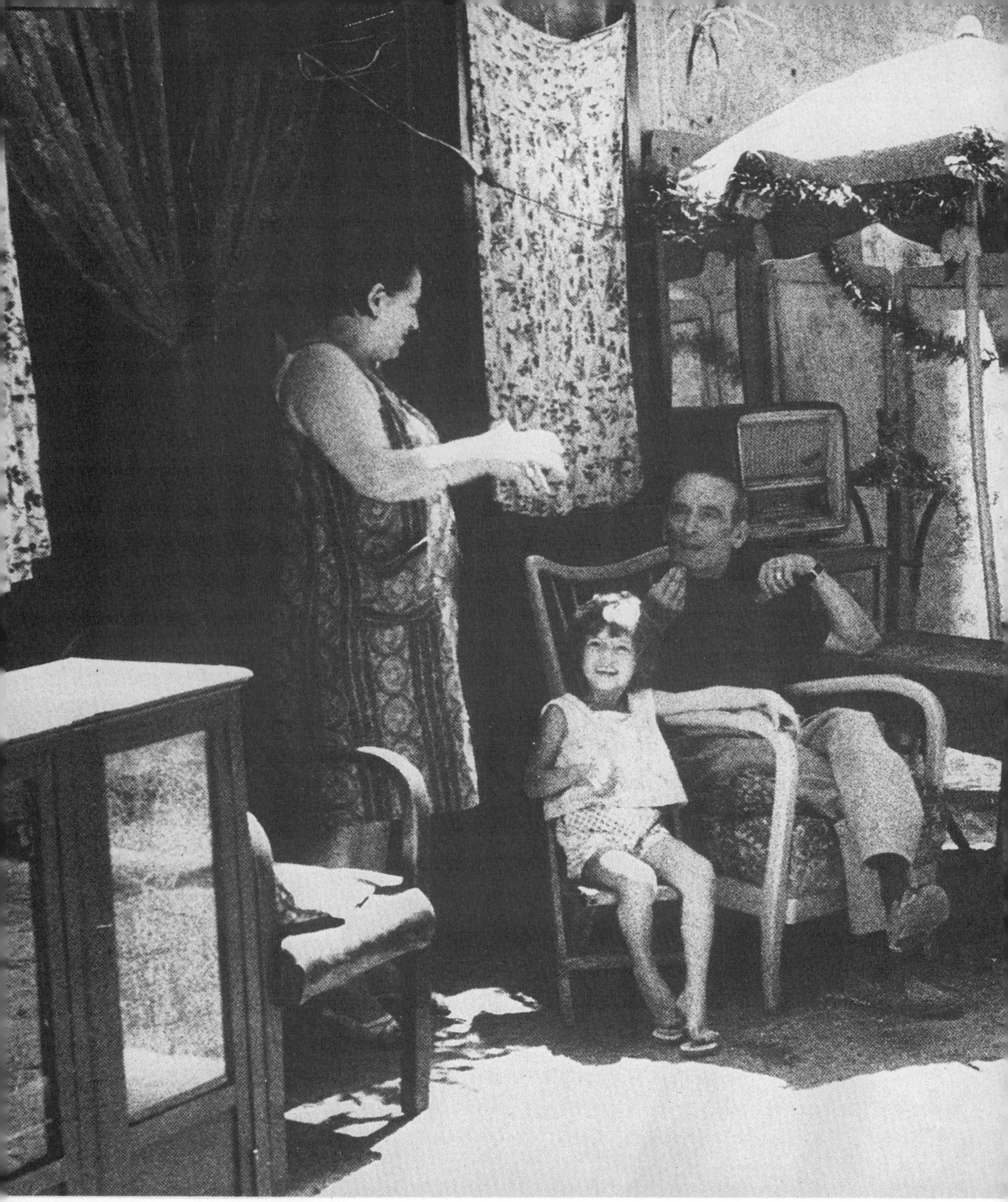

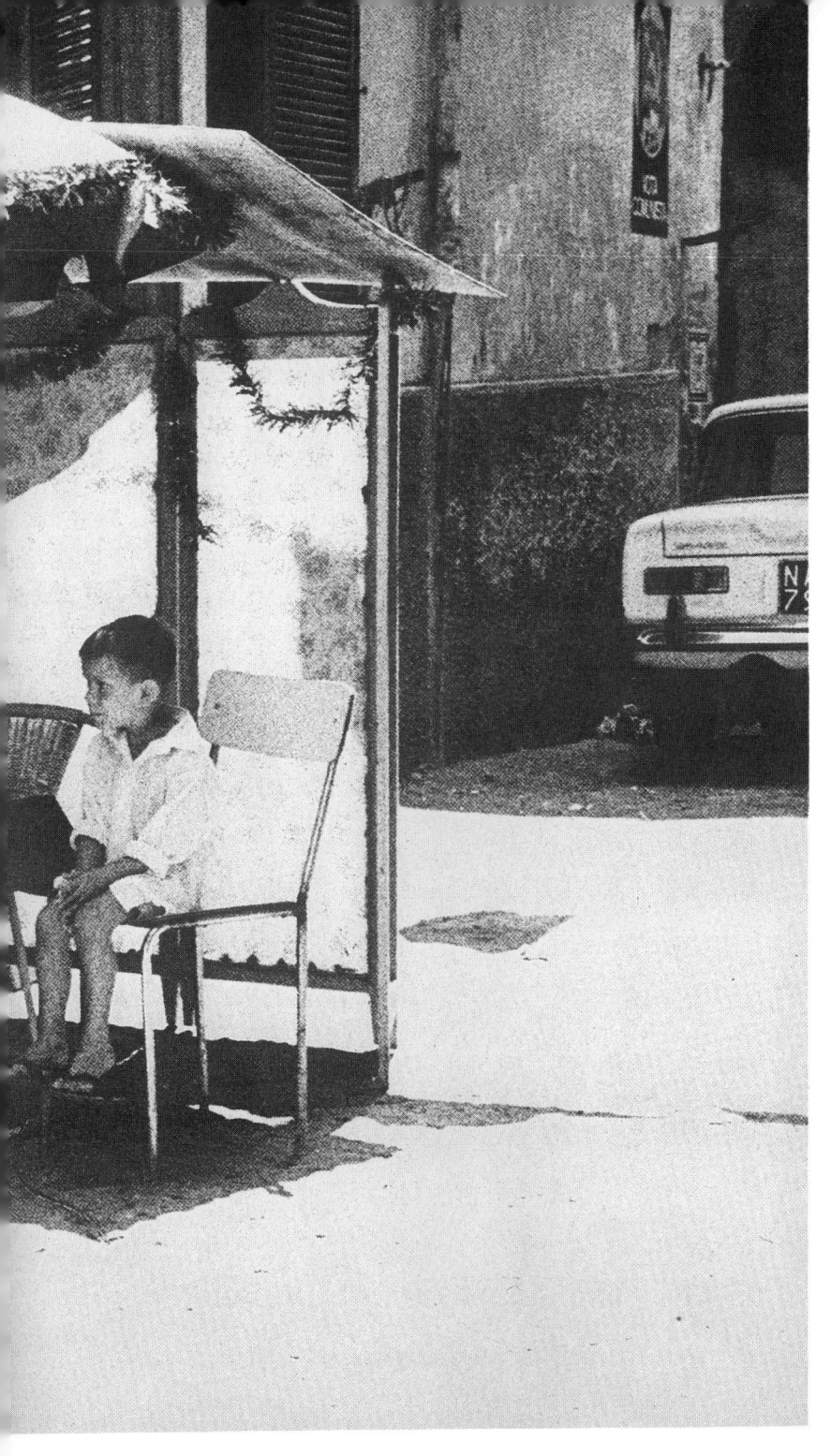

天気のときには、ドン・ジェンナーロはテーブル、椅子、座椅子、ラジオ、小家具、大きな日よけ傘、といった家具一式をバッソから外へ持ち出す。仕切り衝立(セ'パ'レ)てを用いるのは、ピスコポ家の無遠慮な視線を逃がれたいときだけだ。(ピスコポ一家は20メートル先のバッソに住んでいる。) プライヴァシーの問題である。要するに、ドン・ジェンナーロは面倒を掛けることも、掛けられることも欲してはいないだけなのだ。たぶん今頃は奥さんにこう言っているであろう——
「クンチェッティ、だれかが俺を尋ねてきても、だれとも話をしないからな！」
ときどき車が通り過ぎるだけだ。

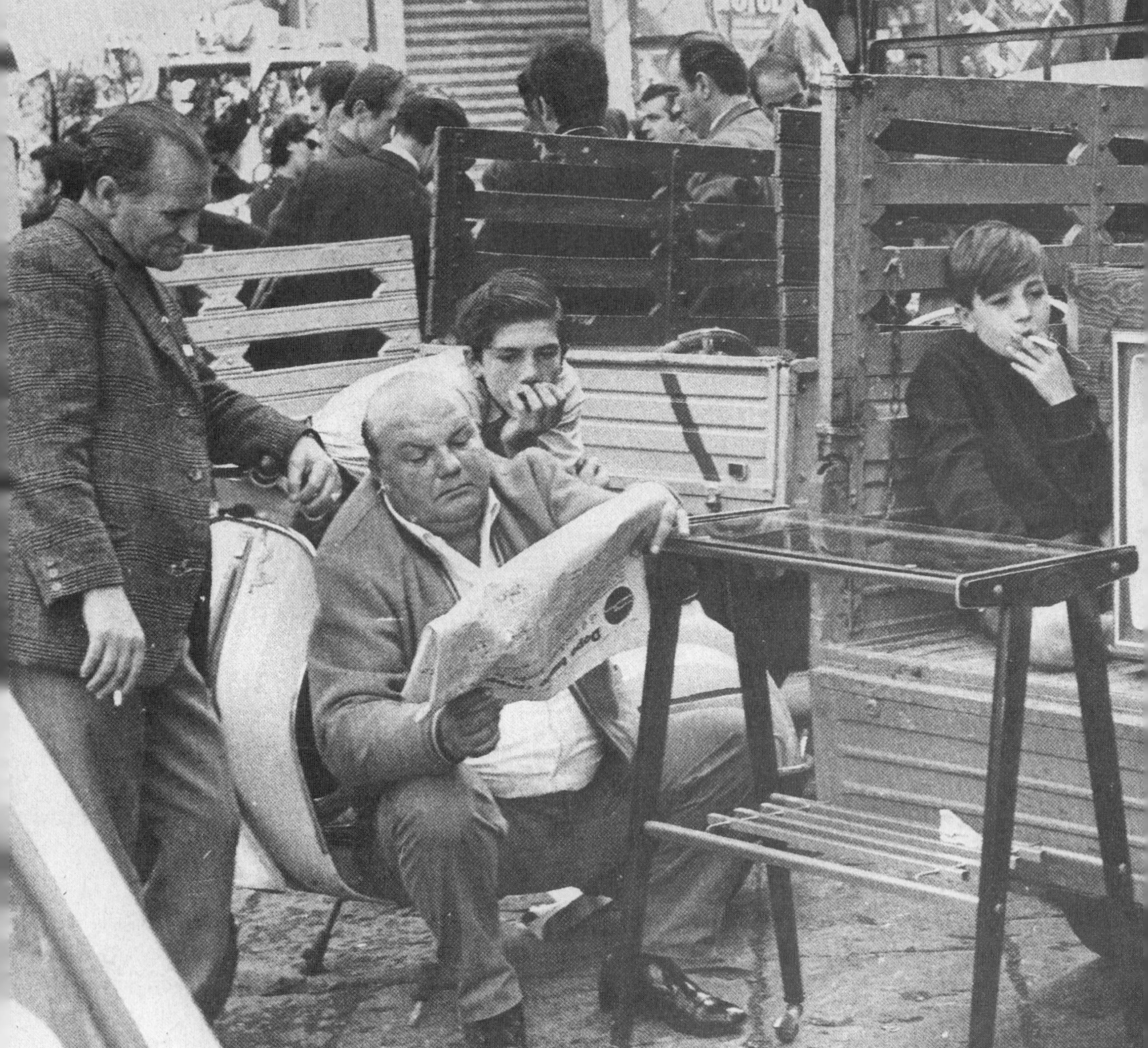
ACCESSORI PER AUTO
R.LE LANDI

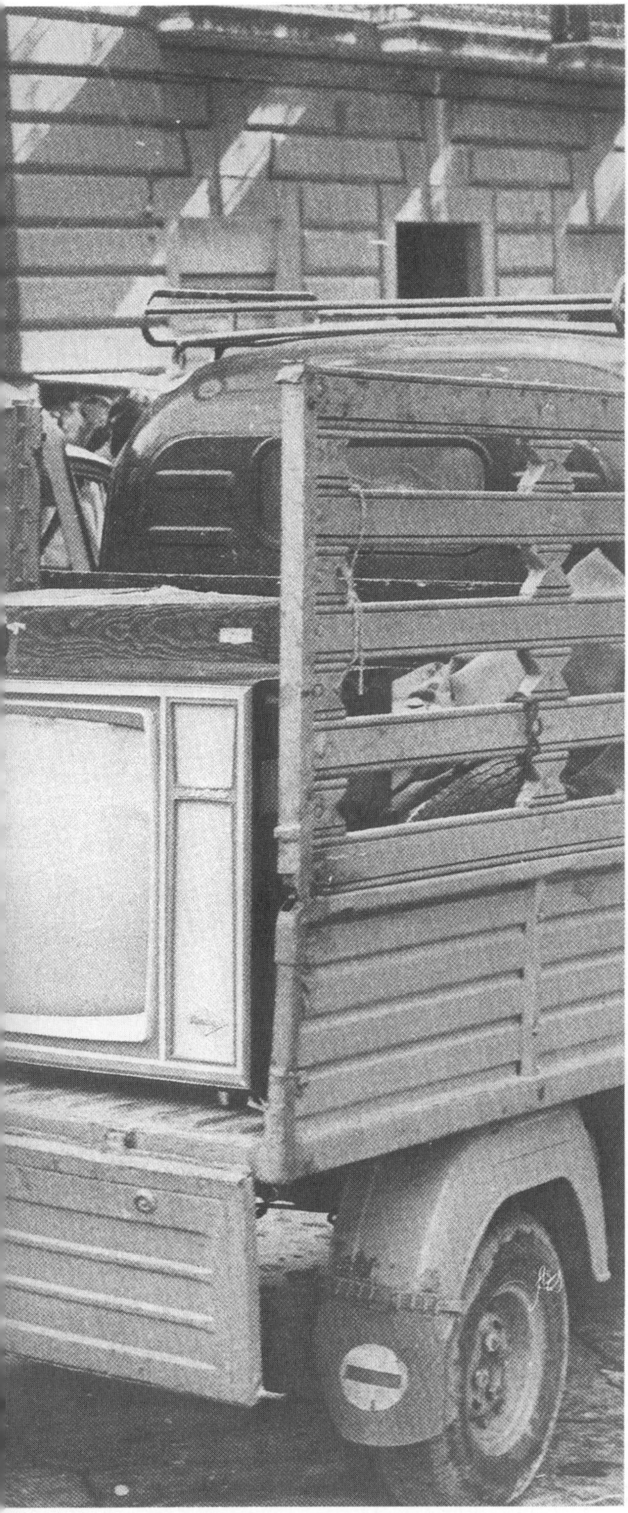

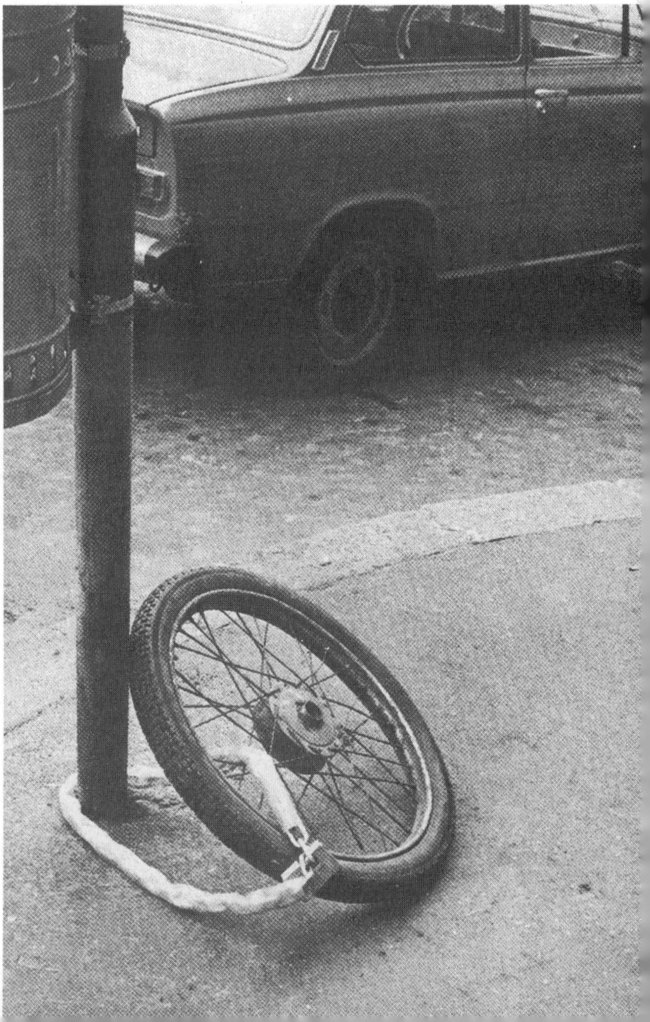

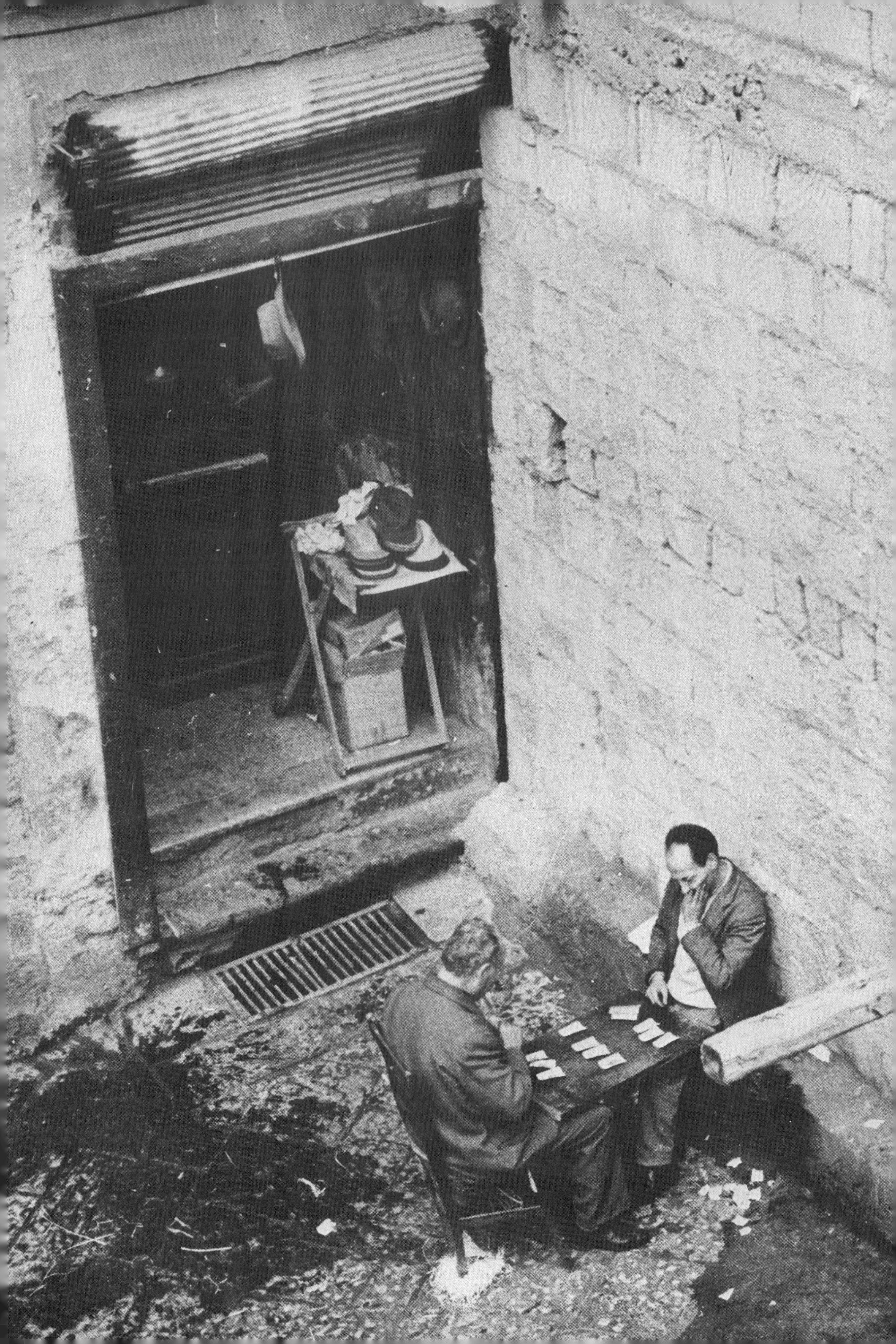

私は合衆国に行かざるを得なくなり，保健所を探すことになる。種痘の注射をするためである。道端のある老人に訊いてみる——「すみませんが，どこで種痘の注射を打ってもらえるか，知りませんか？」
「ほんもののをですかい？」
「《ほんもの》って，どういう意味です？」
「本ものとは，ほんとうに注射しようとすることです。ほんとうに注射したいのですか，それとも証明書だけで十分ですか？」
「おお神さま，当然ほんものを注射したいですよ！」
「けっこうなことで。でも，ご存知ですかい。だれかが列を避けたいとか，熱に打たれたくないとかなどで，証明書だけもらえば満足することだってあるんですよ。もちろん……ちょっとだけ高くつくけれど，大したことじゃないんです。」
「ええ，ありがとう。で，保健所はどこにあるの？」
「まん前の建物の中ですよ。入口を入ったらすぐ右手のドアの上に《入室禁止》と書かれています。でも，入って行けばよろしい。そこで，ひげを蓄えたドクターはどこかと尋ねなさい。彼ほどうまく種痘をやれる人はほかにいませんから。」

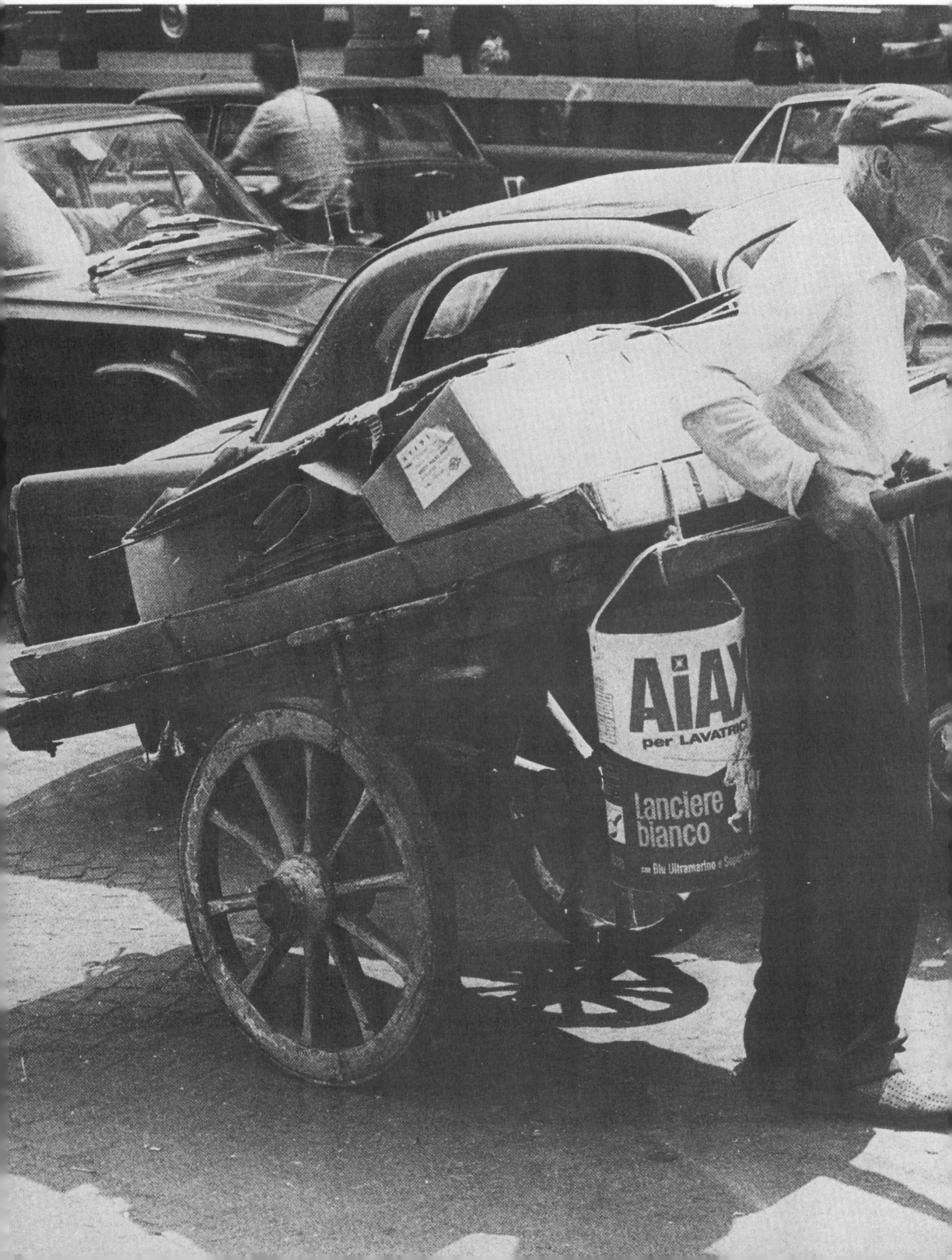
AiAX
per LAVATRIC
Lanciere
bianco

白き槍騎兵，アヤックス〔洗剤の宣伝〕

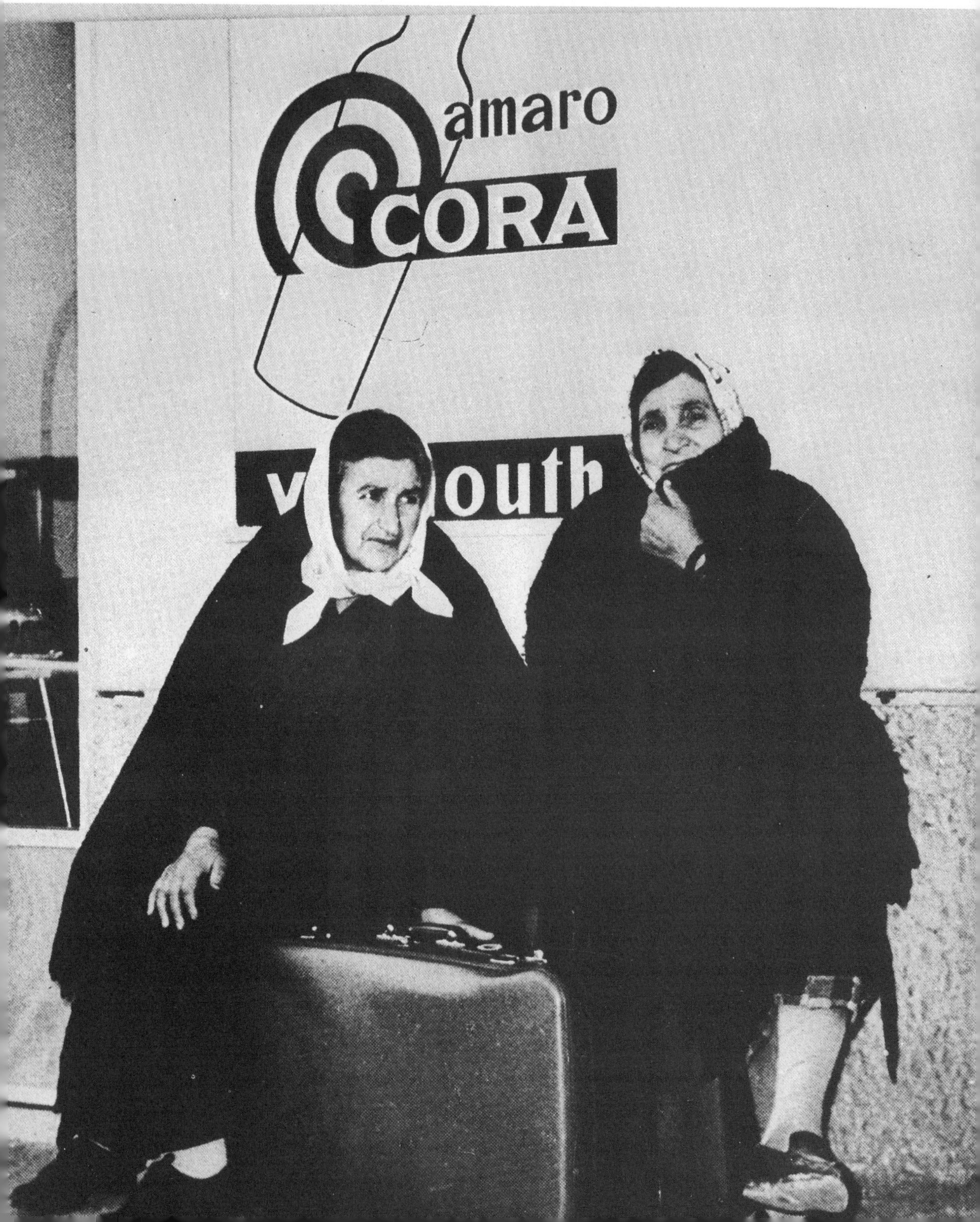
amaro
CORA

アマーロ・コーラ〔有名な食後のリキュール酒〕。地方出身の二人の女性がトリーノ行列車を待っている。イタリア国内の移住〔出稼ぎ〕だ。買ったばかりのバルカンファイバー製のスーツケースはもう形が歪み，二人の顔も悲しみに満ちている。未知な言葉が喋られている別世界で，うまくやっていけそうにないことを知っている人びとの悲壮である。ひょっとして，息子たち，甥たちならやっていけるかも知れない。

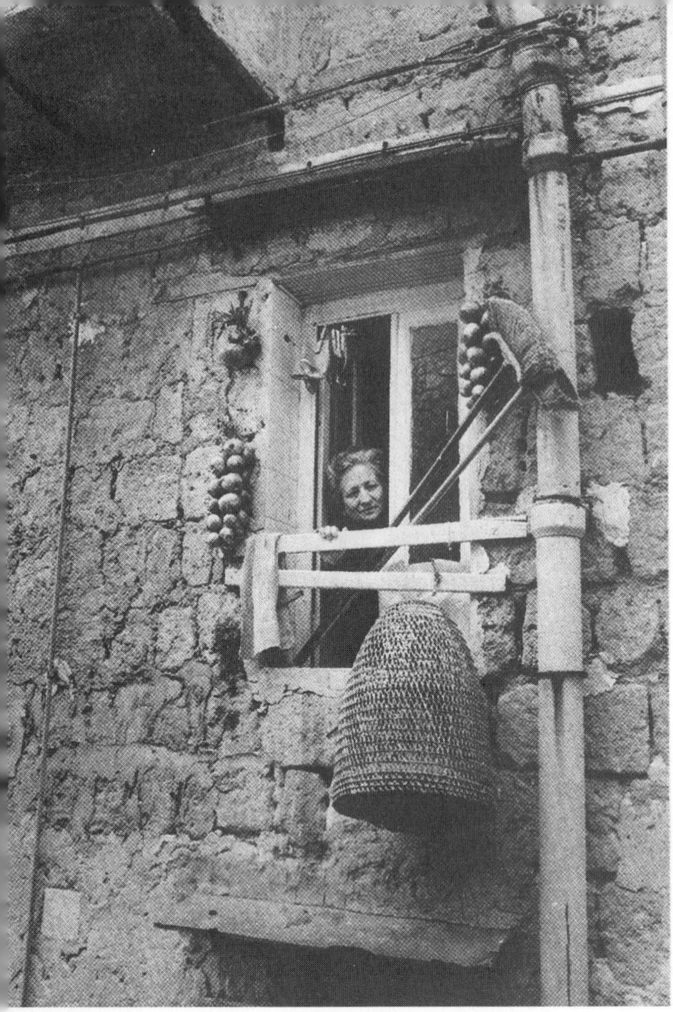

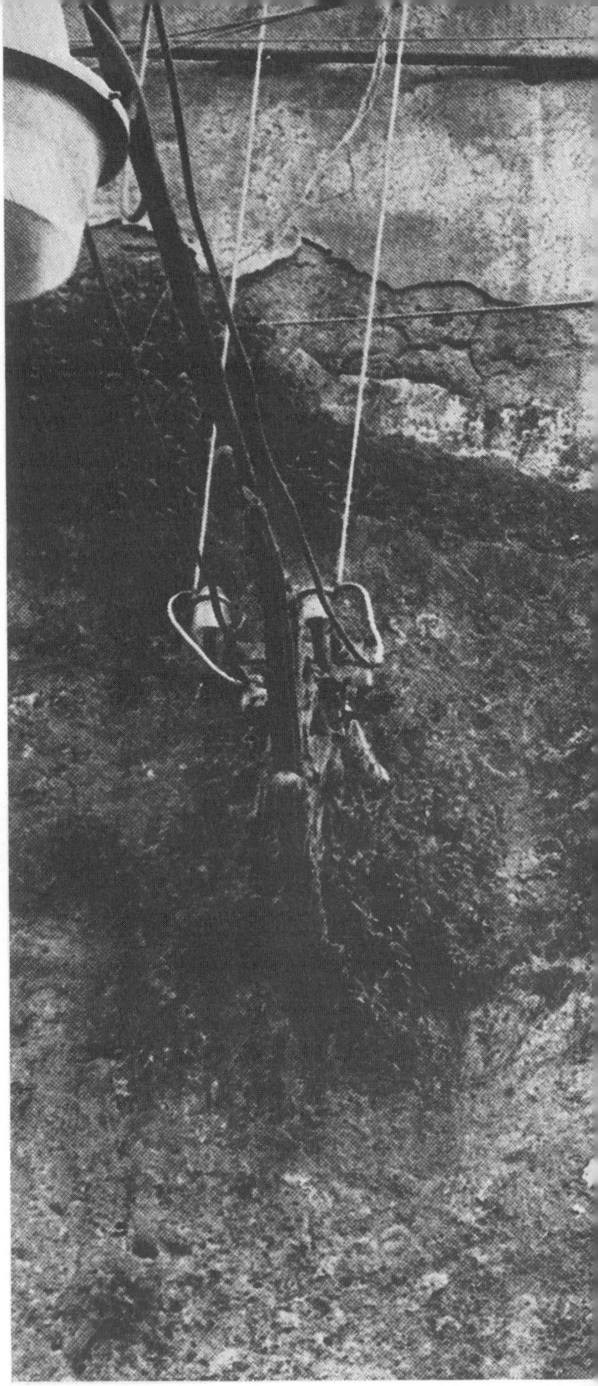

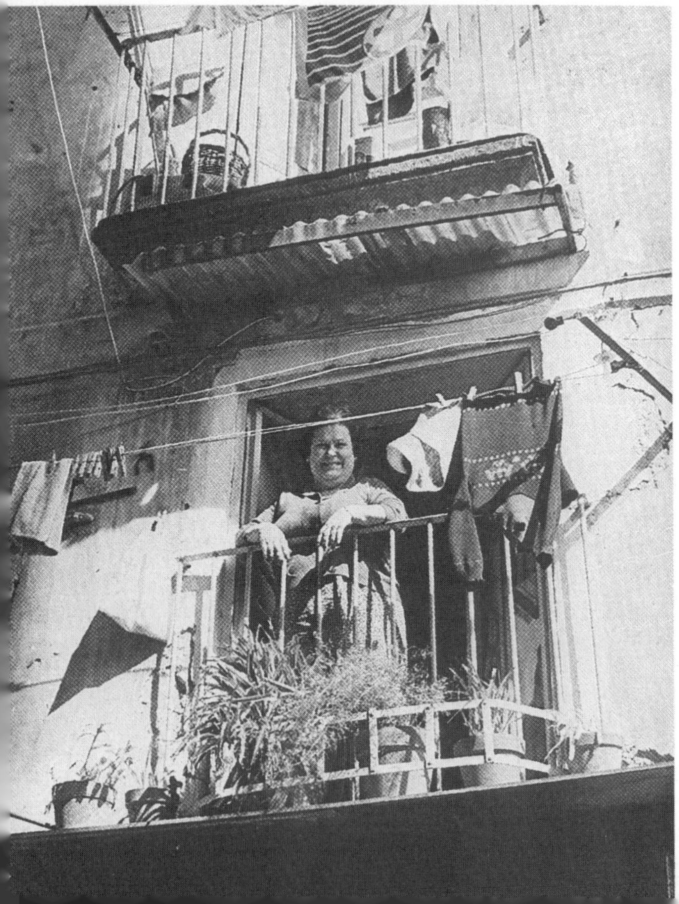

私が写真を撮ろうとするときは、いつもこっそりやって、できるだけより"ほんとうの"、より自然なスナップ写真を得るようにしている。ときにはうまくゆくが、ときには失敗することもある。ある日、私はバッソの前に座っている、感じのいい老婆を見掛けた。用心深く近づいて、ちょうどシャッターを押そうとしたとき。ひとりの少年が顔を対象から30センチのところに出して、私たちの間に立ちふさがり、動かなかった。手で合図して、どいてくれるように頼んだのだが、無駄だった。すると、とうとう当初から一部始終を承知していたその老婆は顔を出して叫ぶのだった、「坊や、前をどいておくれ！ あたいが老婆の役を演じているのが分からんのか！（Nenní, lievete 'a 'nanze ! Nunn'o vide ca stò facenne 'a vecchia!）」

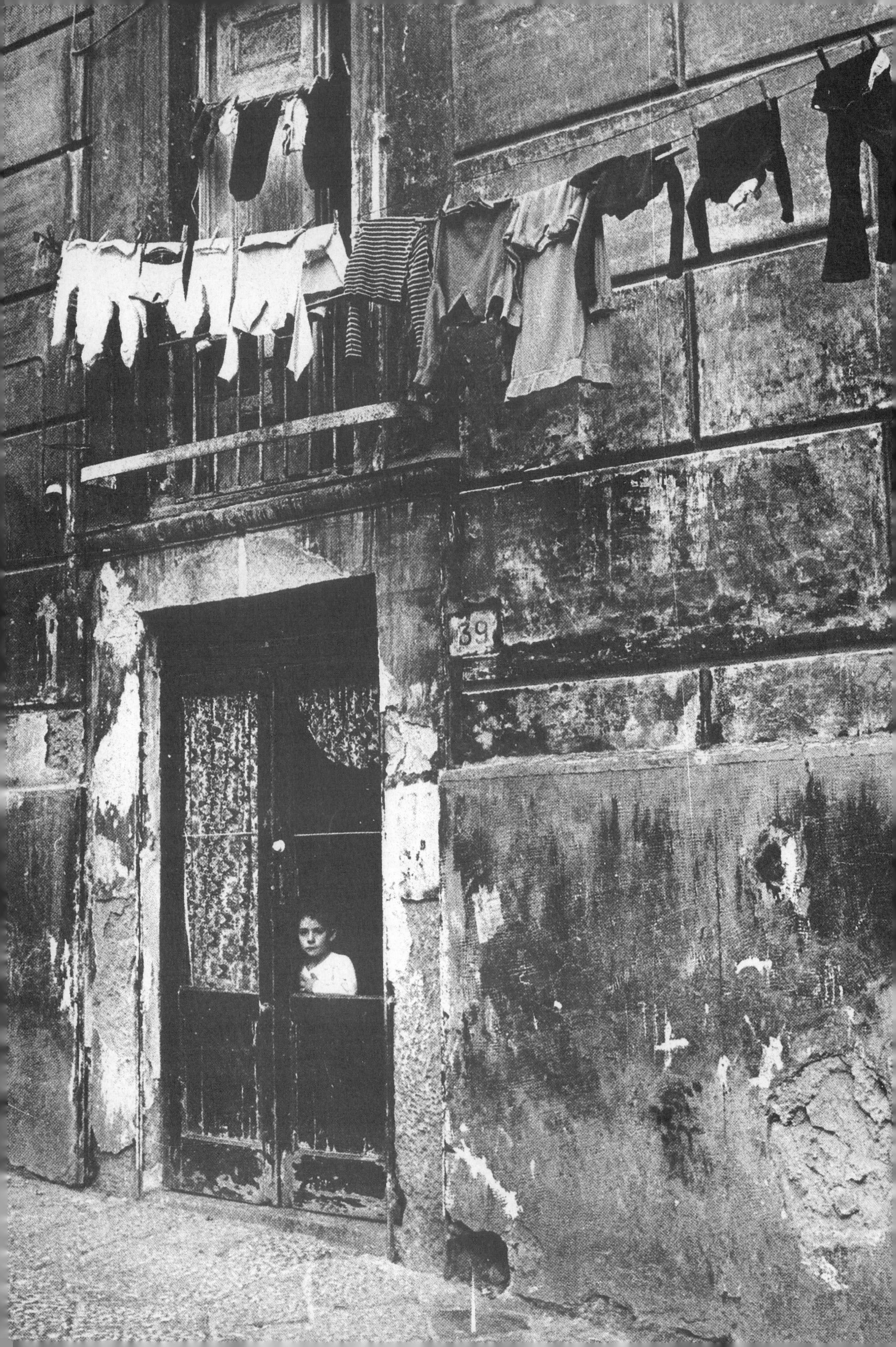
39

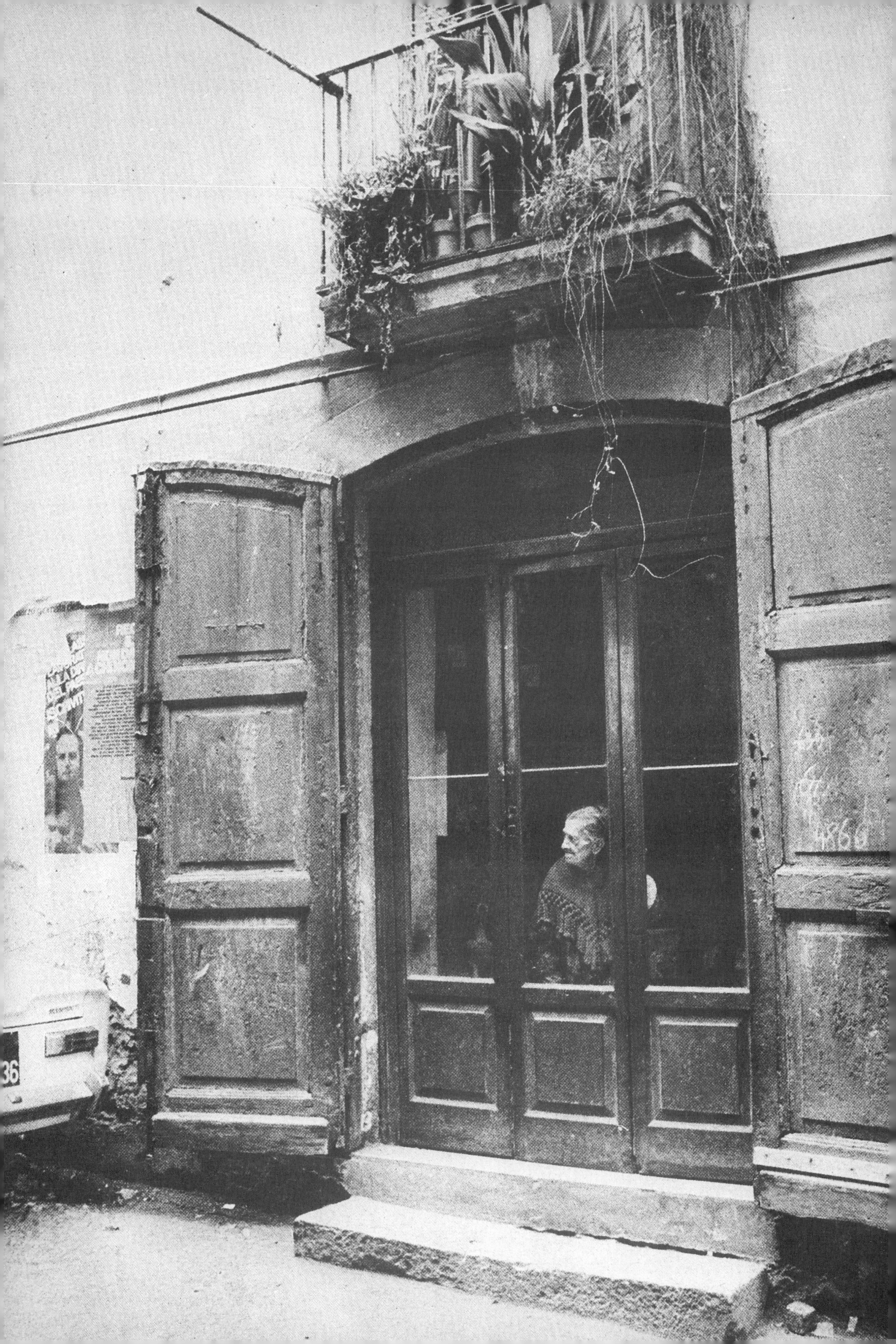

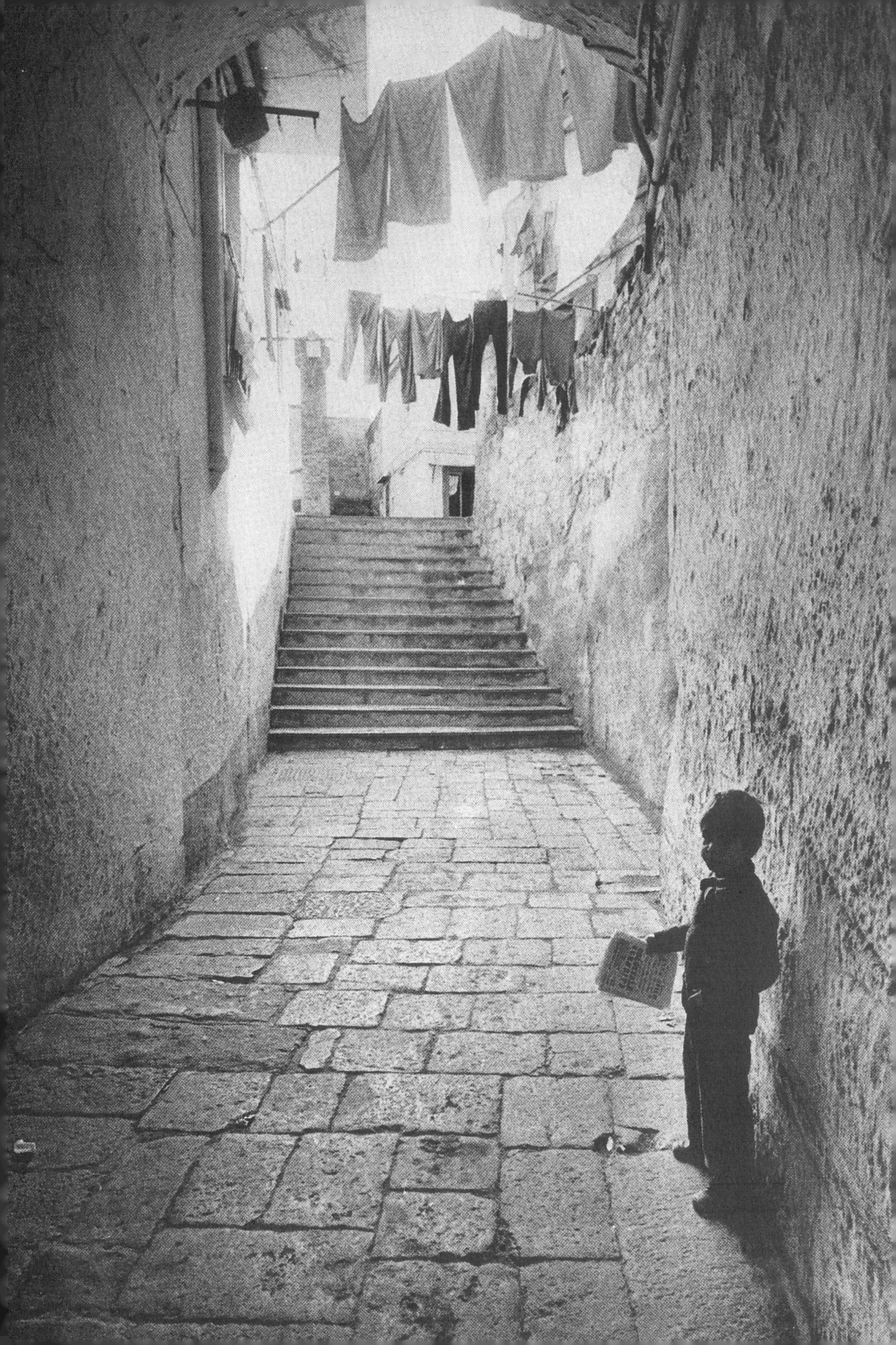

一方通行

　信号が赤になる。車は躊躇うことなく通り過ぎて行く。私が乗っているタクシーも悠々と信号を無視して通り抜ける。内心，私は微笑しつつも，底に隠された原因は何なのかを分かろうと努める。仮説を立てたり，至上命令への拒絶の説を繰り広げたりしていると，運転手がまるで私の心の内を読み取ったかのように振り向いて，「ドットー，私たちナポリ人には赤信号は禁止じゃなくって勧告なんでさ。《いいかい，儂が赤を出すから，君は気にいったようにおやり。通過したけりゃ，通り抜けよ。だれも文句は言わんからな。でも……くれぐれも用心しなよ！　逆に，君が止まりたいとしたら，どう言うべきだろうか？　まあ，止まりなさい。だが，言っておくが，よくよく注意しろよ。君の後ろの者たちはそんなことを予期していないし，きっと君に追突するだろうからね》。」
「それじゃ，青信号は？」
「《いいかい，法に従えば道は空いている，でもそれを信じちゃいかん。赤だって走り抜けてくるのがいることをいつも心しろよ。やるべきは一つ。まず左右を眺め，だれもいなかったら……通過しな》。」
「では，黄信号は？」
「ああ，ただたんにお遊びでさあ！」

交通のせいでピエトロ・コッレッタ通りを進むこ
とも，ポルタ・カプアーナを通って戻ることもまま
ならなかったので，会計士パラスカンダーロは30
分ほど待ってから，トリブナーリ通りとサン・ジョ
ヴァンニ・ア・カルボナーラ通りとの間にある迷路
のような路地に入り込むことを決心した。彼はナポ
リの交通ばかりか，自分自身をも呪った。なにしろ，
都心を避けて走る高速道路タンジェンツィアーレを
通過しなかったからだ。彼は組織された失業者たち
をも呪った。彼らは明らかに，下を走っているレッ
ティフィーロ〔直線コース〕をふさいでいたからだ。
それで，自分の方向感覚だけに頼りながら，勇敢に
も，まったく未知なナポリの或る地帯へと入り込ん
だ。目的はヴォーメロに戻ることだった。今時分に
は陽光一杯と想像していたヴォーメロも，やはり同
じように，車で渋滞していたのであるが。
　でも，その日はまだちょっとした些細な驚きを彼に
用意していた。サン＝ロレンツォ地区の数多い薄暗
がりの路地の一つに入り込もうとしたとき，彼は通
行禁止の看板が立っているのに気づいたのである。
パラスカンダーロは自分のエレガントA112号を止
めて，バックしようとしたのだが，そのとき，小路
のちょうど入口のバッソの外に座っていた一人の老
人が，前進するよう合図した。会計士はフロントガ
ラスから禁止の看板を指さしたのだが，例の老人は
「そんな看板を気にしなさんな！」というような合
図のしるしをした。そこで，パラスカンダーロは窓
を開けて尋ねるのだった，「すみません，フォーリ
ア通りへ行くには，どうしたらいいですか？」
　「そのまま行ったらよろしい。」
　「でもこの看板は？」
　「そんなもの，無視しなさい。」
　「でも，通り抜け禁止ってあるでしょうが……」
　「ドットー，あんたは儂とその禁止の看板とどちら
を信じなさるんです？」
　「いや，あなたが当てにできるのなら……」
　「当てにできるとも！　その看板を立てたのは儂の
娘婿（むすめむこ）なんだ。環境保護のためにやったと言ってい
る。でも，奴は今ここに居ないから，どうぞ通って
ください。」

　猛烈な交通渋滞だ。ラッシュアワーだと言うこと
もできない。なにしろ，ナポリではこんな言い方は
まったくむだなのだから。朝晩を問わず，夏冬を問
わず，週日と祭日を問わず，いつでもラッシュアワ
ーなのだ。
　フォーリア通り―ドゥオモ通りの交差点で，ふたり
の警官が信号を操作して，あらゆる方向から同時に
入り込む車の流れで交通が最終的に遮断されること
のないようにしている。警官のひとりは交差点の中
央に立ち，無軌道な運転手たちに呪いの言葉を浴び
せており，もうひとりの警官は歩道の角に立ち，歩
行者たちが順番を待たずに横断しようとするのを阻
止している。
　下町のひとりの女性がどうしても渡ろうと決めて，
動いている車の間に分け入り始める。警官のひとり
が彼女を押し止めようとして叫ぶ。
　「奥さん，奥さん，赤ですよ！」
　「若い衆，通してくだされ！　わたしゃ，赤とか黄
とかは知ったことじゃない。もう汗まみれなんだか
ら！」（Giuvinò e facitece passà! Saccio 'o rrusso,
saccio 'o ggiallo, io sto tutta sudata!）

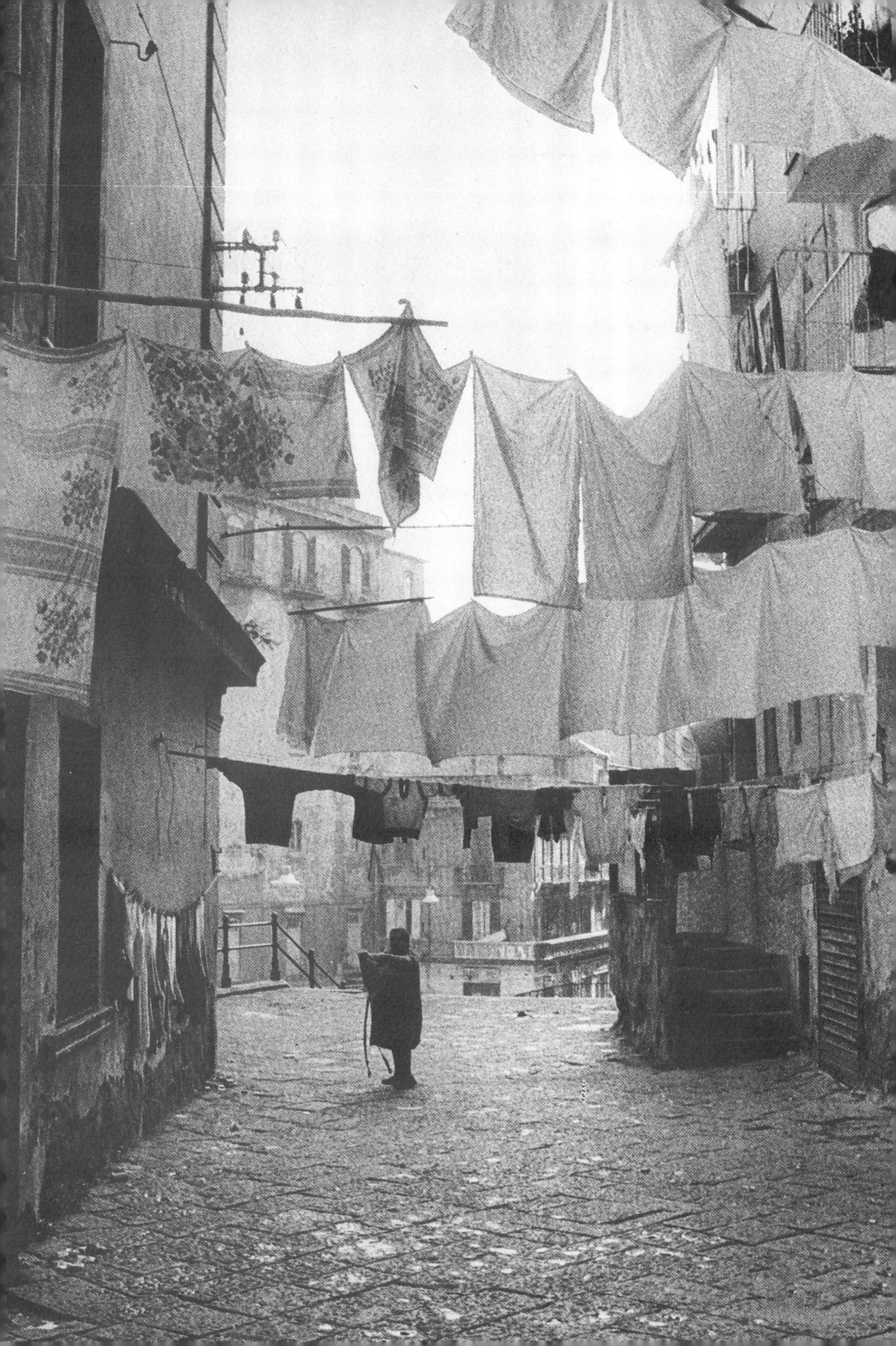

「**カ**ーヴ席，カーヴ席，さあカーヴ席を買って！」
（'A curva, 'a curva, accattateve 'a curva!）
「すみませんが、どこに障害者貸しはいますかね？」
「そちらにさきほどいましたよ。貴賓席の入口のところをちょっとご覧なさい。きっと、お得意をひとり伴ってやって来るでしょう。カーヴ席、さあカーヴ席を買って！」（'A curva, 'a curva, accattateve 'a curva!）
ふたりの男が周囲を見回しながら、大勢の人波の間で、叫んでいるだふ屋（bagarini）と、けばけばしい屋台のうちから、車椅子を押しているひとりの男に目を止める。
「障害者貸し屋はあんたかい？」
「そうだよ、旦那。でも、障害者は今出尽くしているよ。ここにあるのは車椅子だけなんだ。あんたの友人を探してきて車椅子に乗せ、障害者の役をさせなさい。あんたは付き人の役をしなさい。」
「で、値段はふたりでどれくらいかい？」
「ふたりで7000リラ。しかも、あんたには座席もあるんだぜ。」

NAPOLI
CARMIGNANI
BRUSCOLOTTI RIMBANO
VAVASSORI
ZURLINI ESPOSI
DAMIANI MAR
JULIANO IMPROTA
ABBONDANZA
12-NARDIN 13-FONTANA

FORZA NAPOLI

**DIDI' VAVA' E PELE'
SITE A' UALLERA E CANE'**

ROMANTIC SUD EXPRESS

「ひとり当たり3500リラかい？ そいつはカーヴ席より高いな。カーヴ席なら，わずか2000リラだぜ！」

「でも障害者入口を通って滑り込めば，試合をフィールドの傍から見れるんだ。これは全然別のものなんだぜ！」

「チッチ，君はどう思う？ 車椅子にするかい？」

「うん，いいよ。でも俺は障害者にはなりたくないな！」

「なぜ？ だって座れるんだぜ！」

「よく分からんが，そんなことをしたら縁起が悪いんじゃないかな？」

「マンマ・ミーア，チッチッロ，君は難しい男だな！」

「ジェンナ，言ってやろうか。俺はカーヴ席から，いつものように試合を見るよ。君は勝手にしろよ。どんな障害者役でもやりたまえ，俺はまっぴらだぜ！」

こう言って，チッチッロは切符売り場のほうに歩き出す。するとジェンナーロが腕をつかんで止めようとするのだが，どうにもならない。チッチッロは立ち去ろうと固く心に決めてす早く群衆の中に姿を消してしまう。ジェンナーロは後を追ったものかどうかちょっと迷いながら，車椅子を持った男のところに戻る。すると車椅子屋が彼のほうを見て尋ねる，「なあ，若い衆。この車椅子を君の友人と一緒に持って行ってくれないか？ 見てご覧，いい車だぜ！しかもブレーキ付きだぜ！」(Tene pure 'o freno!)

「うん，持って行きたいんだが，俺の友人が分かろうとしないんだよ。ほんものの障害者はいないのかい？」

「ひとりは今連れてくるところだけど。あそこをご覧！ ほらやって来るよ。れっきとした傷痍軍人だぜ！ 付き添い人の入場料は3000リラ。プラス傷痍軍人用にタバコ一箱だ。でも忘れないでよ，入口で受け取ったのと同じ場所に，出るときにその軍人を置いて行くんだぜ。2週間前，ボローニャとの試合があったとき，5人の障害者をフィールドの真ん中に置き忘れてしまったもんでね。」

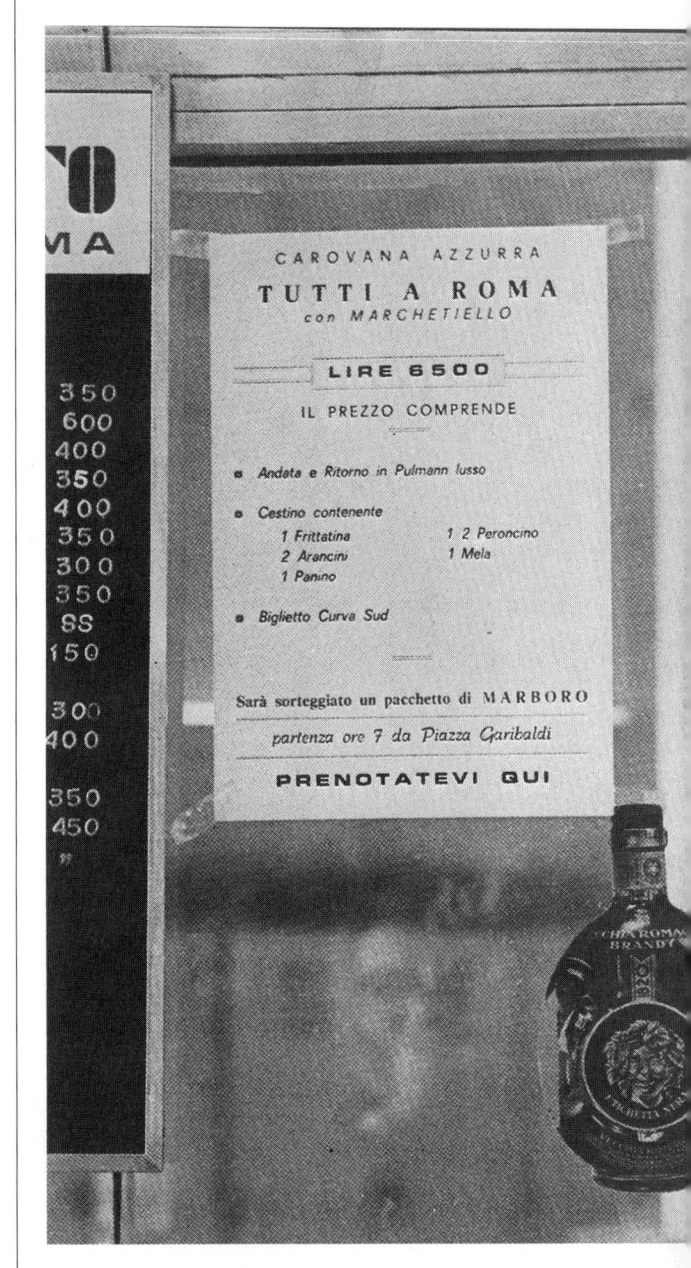

MISTER X
INDOVINA
PASSATO PRESENTE
E FUTURO
TERNI E QUATERNE
SISTEMI TOTOCALCIO
APPUNTAMENTI CON UFO
PREZZI ONESTI

このへんではロット遊びは真剣勝負になっている。経済問題に比べて実存問題が後景にしりぞいているような国にあっては、当然のことながら、人びとはユーフォー学［未確認飛行物体研究］とか漠然としたメシヤ待望よりも、ロットの大当たりという実際的な希望に逃避する。そこから、あらゆるレヴェルの、しかもさまざまな形をとった"希望"の遊び——国家の宝くじ、かけごと（gioco piccolo）、くじ引き（riffa）、ビンゴゲーム（tombolella）——が普及することになる。

番号によるくじ（lotto）は1576年、"神学校の遊び"（gioco del Seminario）の名称の下にジェノヴァで発生した。当時のジェノヴァ共和国は90名のもっとも有力な家長のうちから3名の総督と2名の長官をくじ引きで選ぶことにしていた。それで、残りのあまり有力でないジェノヴァ人たちは、自分らが除外されたことを慰めようとして、当たるかも知れない5つの数に賭けをしたのだっ

た。この遊びは当初は反対されたのだが、やがて当局によって運営されたのであり、同じことはナポリにおいても、ジェノヴァの山師たちの一群がピニャセッカ地区に定住してボナッフィチャータ遊びを始めたときに発生した。年代記によれば、最初のくじ引きが行われたのは1657年4月24日のことであって、18，36，41，70の数が当たり番号だった。ナポリの遊び方は家長の代わりに、適齢期の貧しい90人の少女を想定していたのであり、その内から5人が抽選に当たると、僅かな嫁資を授けられたのである。

家長にせよ、当たりの少女にせよ、この遊びは急速にイタリア全土に広がったし、ガリバルディとヴィットリオ・エマヌエーレがテアノで出会ったとき、国土を真に統一した唯一のもの、それは、実は言語ではなくて"番号によるくじ"への熱狂だったのである。

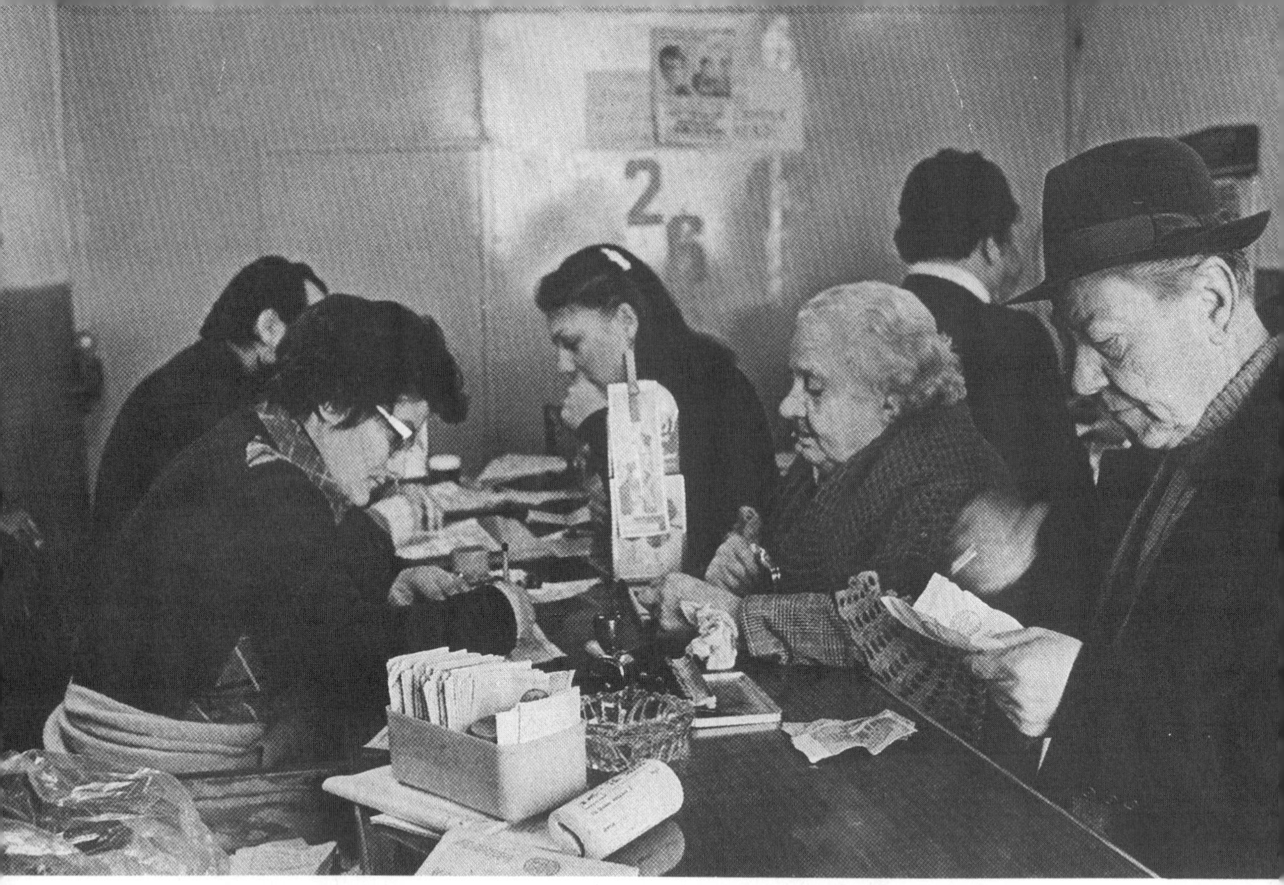

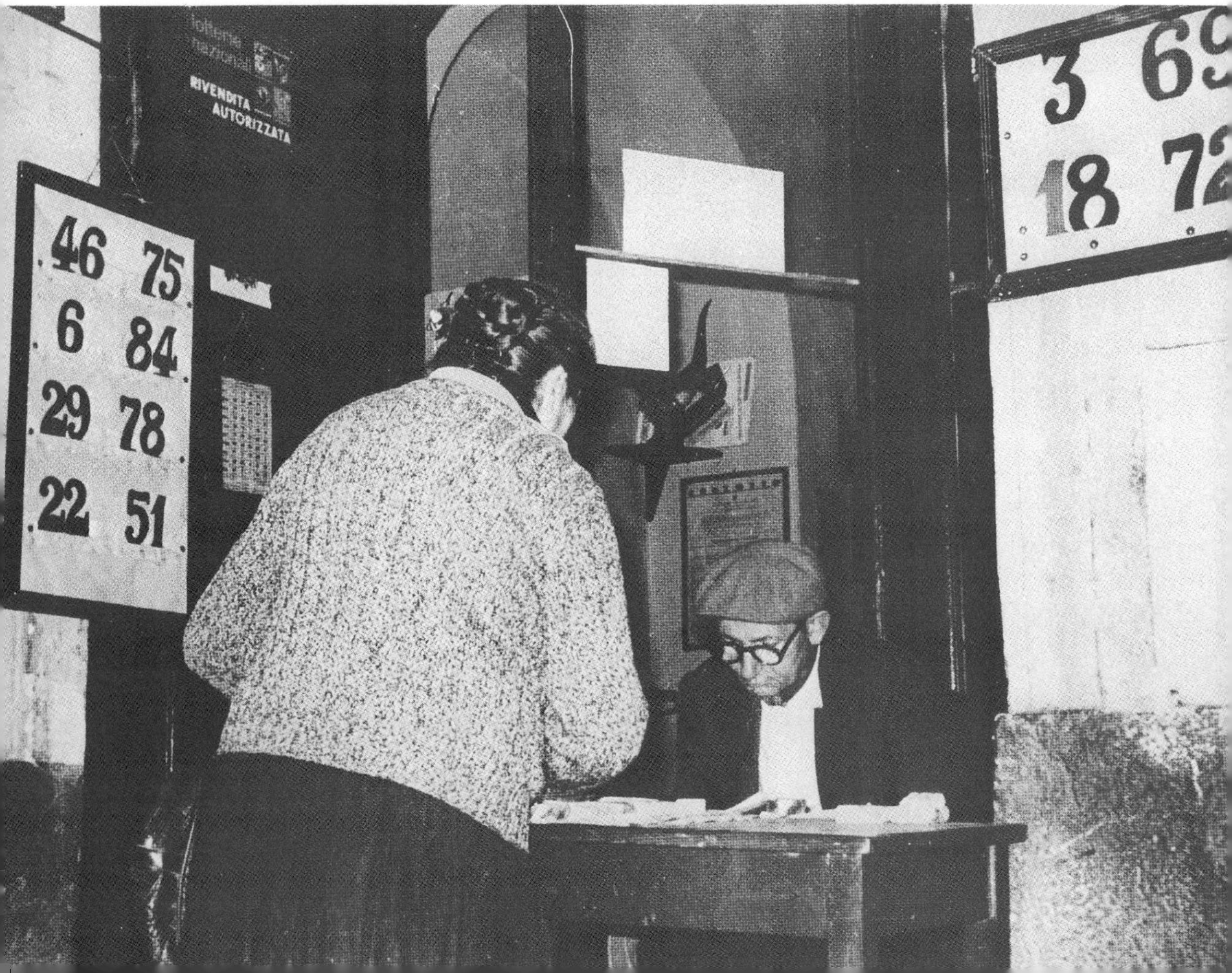

RIVENDITA
AUTORIZZATA
46 75
6 84
29 78
22 51
3 69
18 72

ロットはナポリで特異な職業"受益者"をもたらした。こういう"受益者"については実にたくさんのことが書かれたし，マティルデ・セラオからジュゼッペ・マロッタに至るまで，読者はさまざまなものの中からよりどり見取りできる。"受益者"とは，あの世から，とりわけ浄罪界からの通信係を利用して，先んじて次回の抽せんの当たり番号を知ることのできる御仁のことである。エキスパートたちの主張するところでは，ナポリには100万の住民につき少なくとも72人の"受益者"がいるという。もっとも，これら"選ばれし人びと"は必ずしもこういう才能を有していることを知っているわけではないのだけれども。ロットの歴史は数々の名前や論争の余地のない事実で満ちている。私が青春時代を過ごしたサンタ・ルチーアには，年老いた靴直しのドン・アルマンドがいたが，彼はナポリの有名なあらゆる"受益者たち"の所業の一部始終を知っていた。カリ・カリ，オ・モナコ，エ・サン・マルコ，オ・モナコ・サプナーロ，オ・セルヴィトーレ，オ・ブッティリオーネ，その他，神秘で曖昧な話の主人公たちの多くは，悪者やきわどいディテールであふれていた。私が今なお覚えているのは，恐ろしい小坊主の意地悪であって，この坊主は夜中に被害者たちの目を醒ましたり，洋服たんすの鏡を通して数を彼らに示すことによって彼らを誤らせたりするのを常としていた。あるいは，サン・マルコの修道士（Monaco 'e San Marco）のあまり教訓的ではない行跡も憶えている。彼は"受益者"という自分の名声を利用して，地区の女たちと親しい関係を持とうとしたのだった。このいわゆる修道士は，数(ナンバー)を風変わりなやり方で伝達していたのだ。つまり，抽せんに当たる数と符合する身体部分に触ったのである。たとえば，三通り(テルノ)の数59，80，16が出るものとすると，彼はこの順序で，客の腿(もも)，口，尻に触ったのだ。逆に，彼が身体部分の二つに同時に触れれば，両方を合計せよ，という意味だった。たとえば，頭と胸は62（頭＝34，胸＝28），耳と鼻は57（耳＝14，鼻＝43），といった具合に。ドン・アルマンドの語っていたところによると，サン・マルコの修道士は，女の訪問しか受け入れず，かつて或る男が女装して彼のもとを訪れようとしたとき，あの世のことが発生し，このサン・マルコの修道士がこれまで予言していなかった数が現われたとのことだ。その後，ドン・アルマンドがいつも言っていたところでは，これは汚い話であって，私たち子供は聞いてはいけないものなのであり，もし家に帰ってその話をしたら，承知しないぞ，とのことだった。

"受益者"のほかにも，（『クレシェンツォ言行録——ベッラヴィスタ氏かく語りき——』〔而立書房，近刊〕の中でも既述したように）"狂信者"（santone），つまり，老練な"受益者"もいる。彼は当たる確率のある数を挙げる代わりに，周知の"謎"を語るのだ。また最後に，夢解釈師もいる。彼は昼夜を問わず生起しうるありとあらゆる奇異なことを数に読み替えるのだ。最近，私はトトカルチョ〔サッカーの勝敗を予想する賭け〕の予想を専門とする奇妙な"受益者"の存在をも知った。信じようが信じまいが，三面記事を周到に読むと，8行もがトトカルチョの賭け札用の数で占められているのを察知できるであろう。この御仁によると，トリーノの政治的犯罪やヴィチェンツァの三つ子誕生は，サッカー選手ベッテーガやパオロ・ロッシのフォームよりもサッカーの勝敗結果に強く影響を及ぼしているらしい。

かけごと（gioco piccolo）も，国家宝くじと同じルールに従っている。この遊びの経営者は実際上，国家に代わってくじの分け前を一人占めするために，客には大きな報酬を約束して賭けさせるのだ。自分の支払い能力を誇示するために，彼は胸を1万リラ札ですっかり覆って動き回るのだ。おおむね彼は引き受けた義務を守っているのだが，ただし，参加者たちの賭けが高額になると，長期間の逃亡〔雲隠れ〕を余儀なくされることもある。

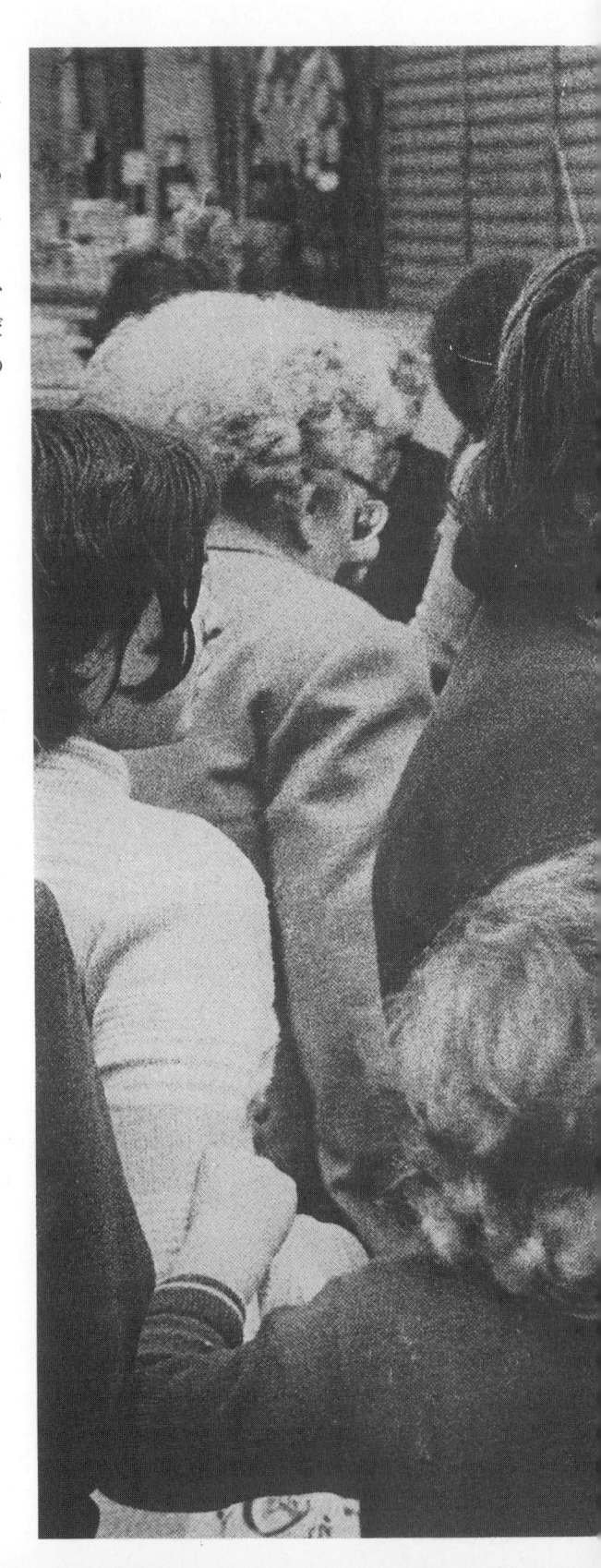

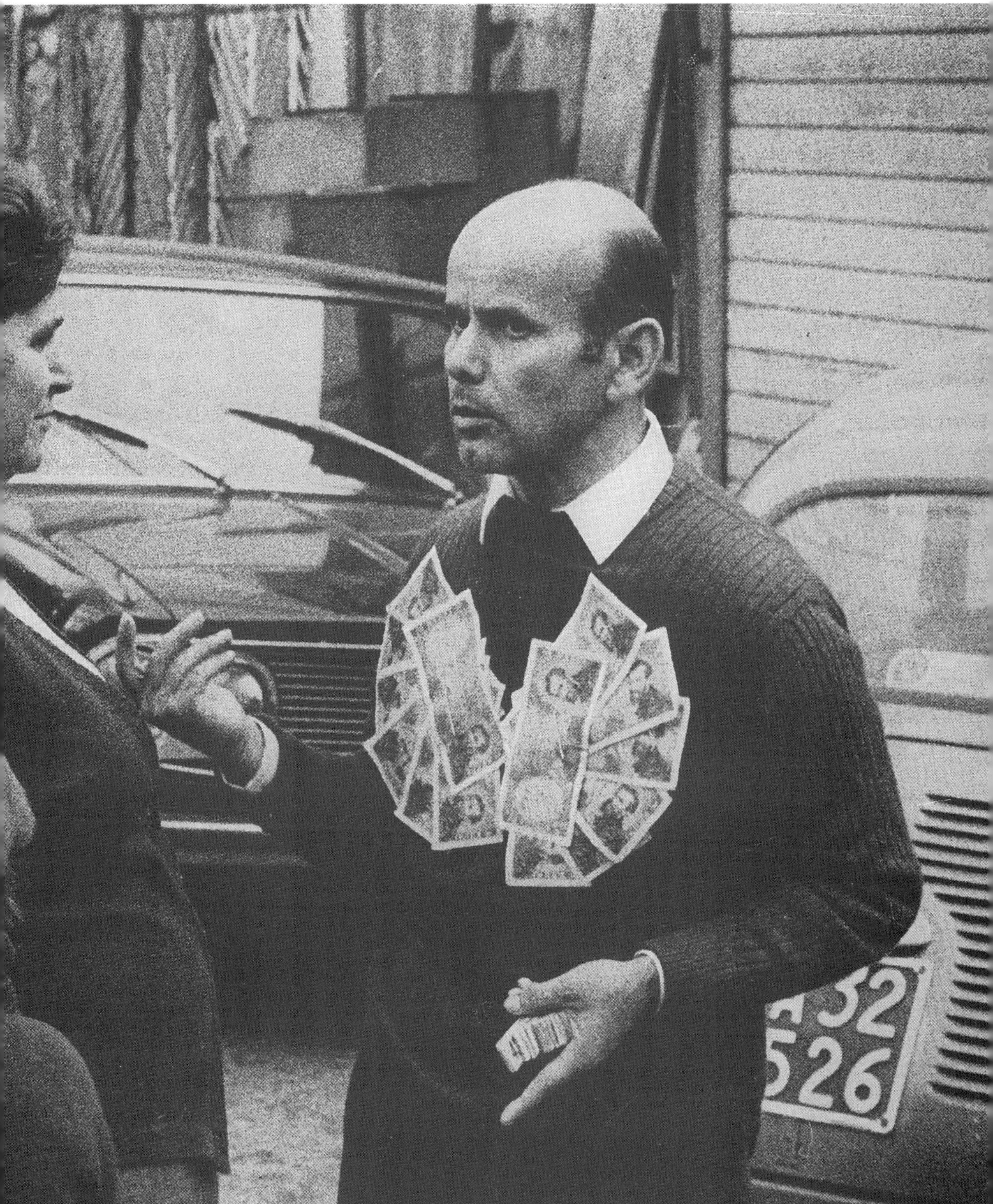
A 32
526

くじ引き（riffa）は逆に，貧者の遊びである。これは，一日の最重要な問題——何かを食う——を解決するために，難儀しているナポリ人にとって，最後のチャンスなのだ。問題はかなり簡単なことであって，これをするには，パナリエッロ（ビンゴゲーム用のかご）と，1から90までのナンバーつきの一連のカードを持てばよい。それから，鶏肉屋かぶどう酒商人を見つけて，生きたニワトリ1羽か，マルサーラ産ぶどう酒2本を30分間貸してもらい，これらをすべて古い乳母車に詰めて路地を回り，リッファを開始するのだ。リッファ屋はナンバー・カードを1枚100リラという安値で売り，巨額な報酬を大声で叫び，今売っているのは残った最後のカードだと，初めから終わりまで誓うのである。それから，カードが全部売り切れると，路地の真ん中にやって来て，民衆にくじ引きの開始を告げるのだ。いんちきしないことを示すため，彼は片手を空けたまま天に上げ，喉に残っている限りの声を振りしぼって叫ぶ，「手は空だよ！」（'A mana è libbera!）と。

勝ち札が引き当てられ，報酬が支払われると，彼はもう二区画先に移動し，ただちに次の大リッファを組織するのだ。ナポリでは，ほぼすべての人びと——貧乏人，床屋の店員，バルのボーイ，守衛，学校の用務員，その他，僅かな苦労で5000リラ儲ける必要のある者——が実際上，こういうリッファをやっているのである。

AL n°5 NEL PALAZZO

今度はトンボレッラに移ろう。当地で十分に識れ渡っていない人なら、はなはだ体験しがたいゲームだ。トンボレッラは真夜中頃に、小さなバッソが賭博場と化して、そこで行われる。バッソによっては、何百年も行われてきたと言われている。たとえ参加の招きを受けても、真夜中にしかも都市でもっとも暗い地区にあるバッソに行き着くという問題が残る。トンボレッラはたいてい、女性や"女装者"によって行われる。それというのも、古い伝説によると、トンボレッラ遊びをズボンを履いて行うと、不幸になるとされているからだ。ところで"女装者"（femmenielli）という用語に関しては、読者諸賢に少しご説明しておくのが順当と思われる。

ナポリでは同性愛者たちは、リッキオーニとフェッメニエッリの二つに大別される。リッキオーニ（ricchioni）は他の男性とまったく同様であって、ただ恋愛関係において女よりも男のお伴をするほうを好むという点だけが異なる。

大地（ターチ）

なぐさめ（コンスエロ）

フェッメニエッリは逆に，正真正銘の，ときには美人ですらある女たちと見なされてかまわない。ただ，市の戸籍簿だけは相変わらず彼（女）らを男と言い張っている。そのほか，彼（女）らはこの世のすべての女たちのように，動き，着物を着，化粧している。真夜中のトンボレッラには既述したように，彼（女）らは地区の売春婦たちと相並んで参加するのであり，それは彼（女）らにとって仕事の合間の短い息抜きの瞬間なのだが，そこで彼（女）らはしばしば主役を演じるのである。彼（女）らが名乗っているお気に入りの名前（コンスエロ，カピネーラ，ロリータ，ターチ，バルバラ，ラモーナ，マリーア・ラオ）とは対照的に，彼（女）らはバッソのナポリ女性たちよりもはるかに控え目なのだが，それでいて，民衆出の人びとには典型的な礼儀を保持し続けているのである。それぞれの地区でなされるトンボレッラは，とにかく，一見に値する見物である。各参加者は6ないし7枚のカードと，100個ほどの小さいテラコッタ製品のかけらを自分の前に置く（引き当てたナンバーを書きとどめるため）。ナンバーカードが順番に賭博師たちによって読み上げられ，彼

119

（女）らは銘々この遊びに景気づけしようとして，当たりのナンバーの意味を大声で告げる。ロットでは周知のように，それぞれの語の前にそれに該当する数が記された「夢占いの本」(la Smorfia)が出ている。同時に，それぞれの数に対して，民衆伝統は支配的な意味を選び出しているのだが，もちろん，その意味は都市から都市，地区から地区によって，まちまちである。数の代わりにいわば絵によるこの"読み上げ"(chiamata)は，真に有能な賭博師たちに，引き当てた数を基にして一種の空想物語を組み立てる可能性を与えることになる。とりわけ，"読み上げ人"の才能が発揮されるのは，いわゆる"汚い"数が引き当てられたとき，つまり，その意味が性器を暗示するような数が出たときである。婉曲語法の真の名人たちにあっては，こういうどぎつい名辞は避けられて，たとえば，29（男性器）は「子供の父」とか「あらゆる破滅を生じさせるもの」と呼ばれるし，6（女性器）は「地面に向き，決して太陽を見ないもの」と呼ばれたりする。目下，私が報告しようとしているトンボレッラは，ピアッツェッタ・コンコルディア地区の或るバッソで記録されたものである。

「小っちゃい女の子」
「その小っちゃい女の子は何をしているの？」
「彼女は60を出し，悲しんでいます！」
「やれやれ，何でまたその女の子は悲しんでいるの？」
「30を，中尉の睾丸を見たからです。」
「あれまあ，で，それからどうしたの？」
「一人の兵士がやって来ました。」
「今に見るでしょう，今に38が出て，棍棒での撃ち合いが生じましょう。」
「それはあり得ない。兵士たちは中尉に一撃を喰らわしてはいけません。」
「45です，ぶどう酒はうまい，ぶどう酒はうまい！」
「私は言わなかったけ？ 連中は酔っ払っちまったんだ！」
「21，ヌードの女。」
「なんて，いかがわしい！」
「今や連中は庭の中へ行っちまったんだ。」
「あんたの母さんの庭の中へ。」
「胸，28。吸って眠りたまえ。」
「たぶん裸の女性が娘に乳を吸わせているんだろう。」
「いえ，いえ，吸っているのは，兵士です！」
「13，アントニオもやって来ました。」
「彼だけが欠けていたんです。」
「63，奥さん，暖かくて毛むくじゃらなあそこ。」
「アントニオの妻になるだろうて。」
「55，日本の音楽，それに66，ふたりのオールドミス。」
「ふたりともアントニオの元へ探しに行きます。」
「89，売春婦たちを。」
「私は何と言ったっけ？」

ある時点で突然，トンボラをやっていた女性の発する勝利の叫びが鳴り響く。読み上げ人が入れ代わり，すべては新しい物語とともに再開する。もちろん，こういうあらゆるたわ言の背後には，合図や暗示が秘んでいるし，定義通りに訳しても，数のもつ本当の意味は必ずしも説明できない。いずれにせよ，読者諸賢によく分かって頂くために，私はナポリの数地区のトンボレッラ遊びにおいてもっとも頻用されている意味をお伝えすることにしたい。

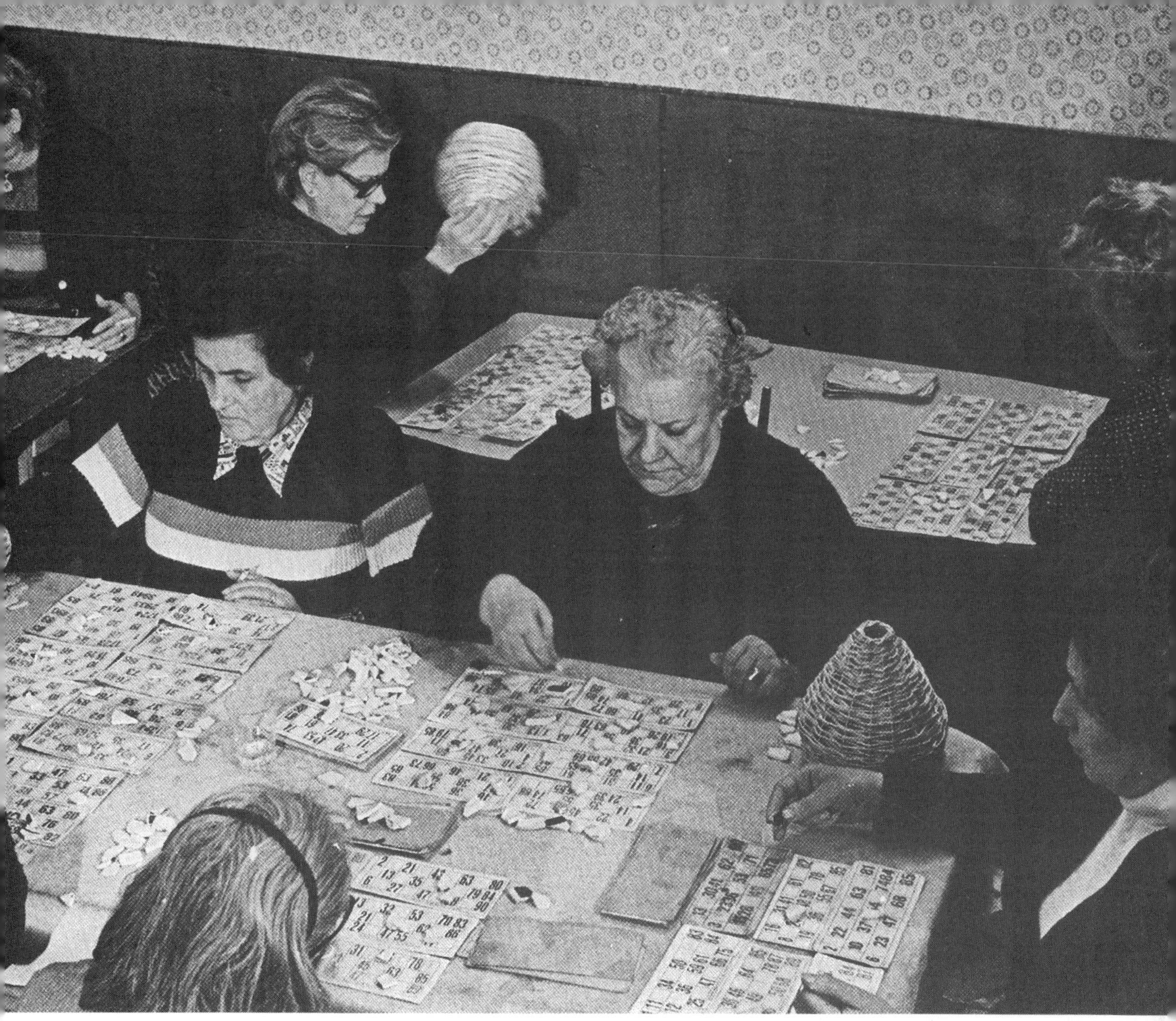

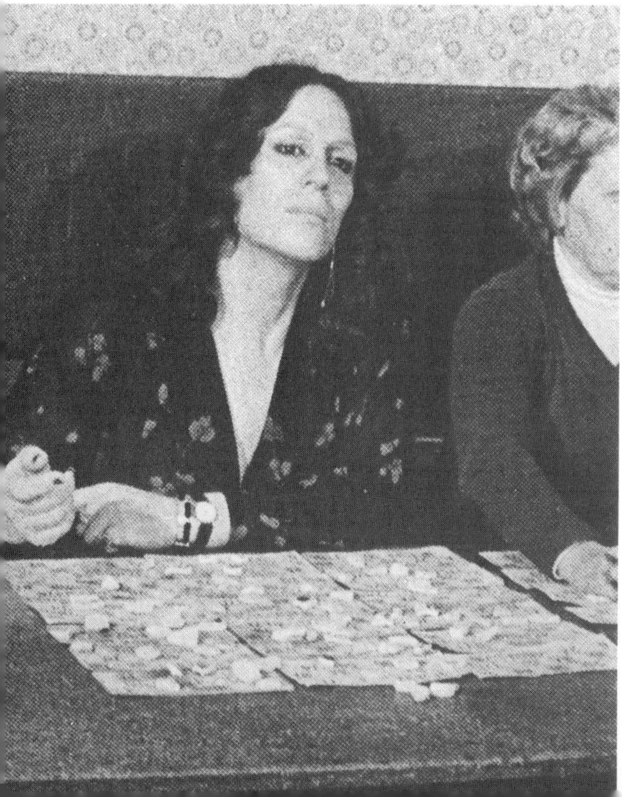

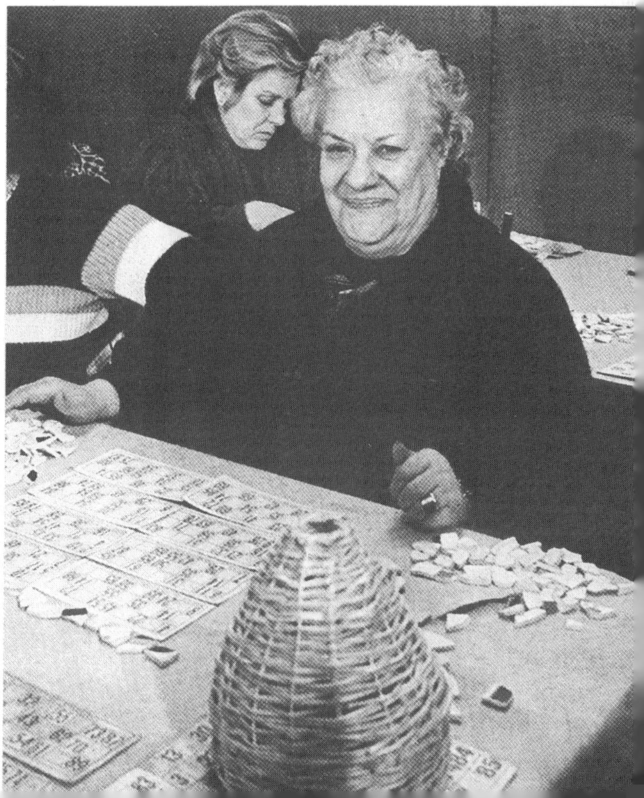

DIVINAZIONE
MODERNA

ナポリのロットの番号占い(ズモルフイア)より

1	イタリア	44	監獄（'e carcere）
2	少女（'a peccerella）	45	ぶどう酒
3	村の老いぼれ（'o stuorto dint' 'a villa）	46	トマトソース（'a pummarola）
4	汚い人（'o puorco）	47	死人
5	手（'a mana）	48	喋る死人（'o muorto ca parla）
6	いつも地面に向いているもの (chella ca guarda sempre 'nterra)	49	肉の一切れ（'o piezzo 'e carne）
7	七つの大罪（'e sette peccate murtale）	50	パン（'o ppane）
8	聖母マリア	51	庭（'o ciardino）
9	子供たち（'a figliata）	52	母さん（Mammà）
10	豆（'e fasule）	53	老人（'o vicchio）
11	ねずみ（'e surece）	54	帽子（'o cappiello）
12	兵士（'o surdate）	55	音楽
13	聖アントニウス	56	転落（'a caruta）
14	酔っ払い（'o 'umbriaco）	57	せむしの人（'o scartellato）
15	王様（'o Rre）	58	かがんだ（s'è abbuccato）
16	尻（'o culo）	59	雄鶏（'o gallinaccio）
17	不幸（'a disgrazzia）	60	嘆いている
18	血（'o sanghe）	61	狩人
19	聖ヨゼフ	62	殺害された人
20	祭り（'a festa）	63	新婦
21	裸の女（'a femmena annura）	64	ジャケツ（'a sciammeria）
22	気狂い（'o pazzo）	65	泣いている（chiagne）
23	あほ（'o scemo）	66	ふたりのオールドミス（'e ddoie zetelle）
24	見張り（'e guardie）	67	キタッラ〔アブルッツォ州のパスタ〕の中のイカ（'o totaro in 'a chitarra）
25	クリスマス		
26	ナンネネッラ〔小さいアンナ〕	68	スープ（'a menesta）
27	しょぼたれている（e' muscio）〔ペニスが〕	69	シックスナイン（'o sotto e 'ncoppa）〔セックスの体位〕
28	おっぱいよ，吸って眠れ（'e zizze, zuche e dduorme）	70	宮殿
		71	つまらない男（l'omme 'e mmerda）
29	あらゆる面倒をやらかすもの，子供メーカー（'o pate d' 'e criature, chille ca cumbine tutte 'e guaie）	72	驚異（'a meraviglia）
		73	病院（'o spitale）
		74	洞窟（'a 'rotta）
30	中尉の睾丸（'e palle d' 'o tenente）	75	プルチネッラ（Pullecenella）
31	家主（'o padrone 'e casa）	76	噴水（'a funtana）
32	オオウナギ（'o capitone）〔クリスマス料理用の〕	77	角（'e corne）
		78	娼婦（'a puttana）
33	キリストの年（l'anne 'e Cristo）	79	泥棒（'o mariuolo）
34	頭（'a capocchia）	80	口（'a vocca）
35	鳥たち（l'aucielle）〔ペニスの意もある〕	81	花々（'e sciure）
36	あめ，栗（'e caramelle, 'e castagne）	82	テーブル（'a tavula）
37	修道士（'o moneco）	83	おなら（'o pireto）
38	殴打（'e mazzate）	84	教会
39	喉の中の，水（l'acqua, 'nganne）	85	浄罪界の亡霊（l'aneme 'o Priatorio）
40	雪（'a neva）	86	商店（'a puteca）
41	ナイフ（'o curtiello）	87	シラミ（'e perucchie）
42	コーヒー（'o cafè）	88	カチョカヴァッロ（'e casecavalle）〔梨状チーズ〕
43	バルコニーに出ているペレータ夫人（'onna Pereta fore 'o barcone）	89	ストリートガール（'a zoccola）
		90	恐怖（'a paura）

赤ん坊がシチューなべの底にスプーンを突っ込んで音を立てている。母親が愛情深いまなざしで眺めている。父親はしばらく仕事場を後にして，コーヒーを飲みに行ったところである。

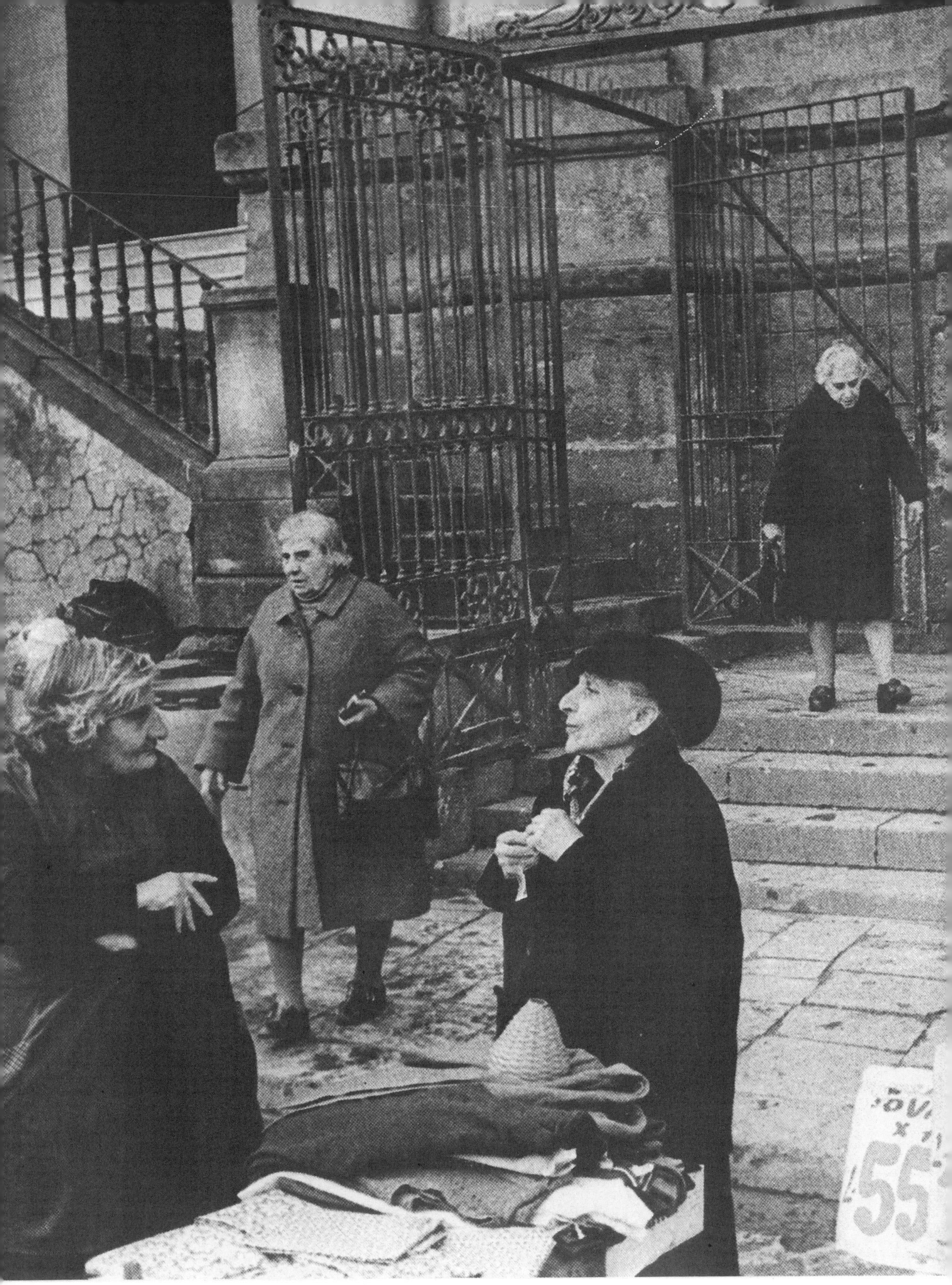

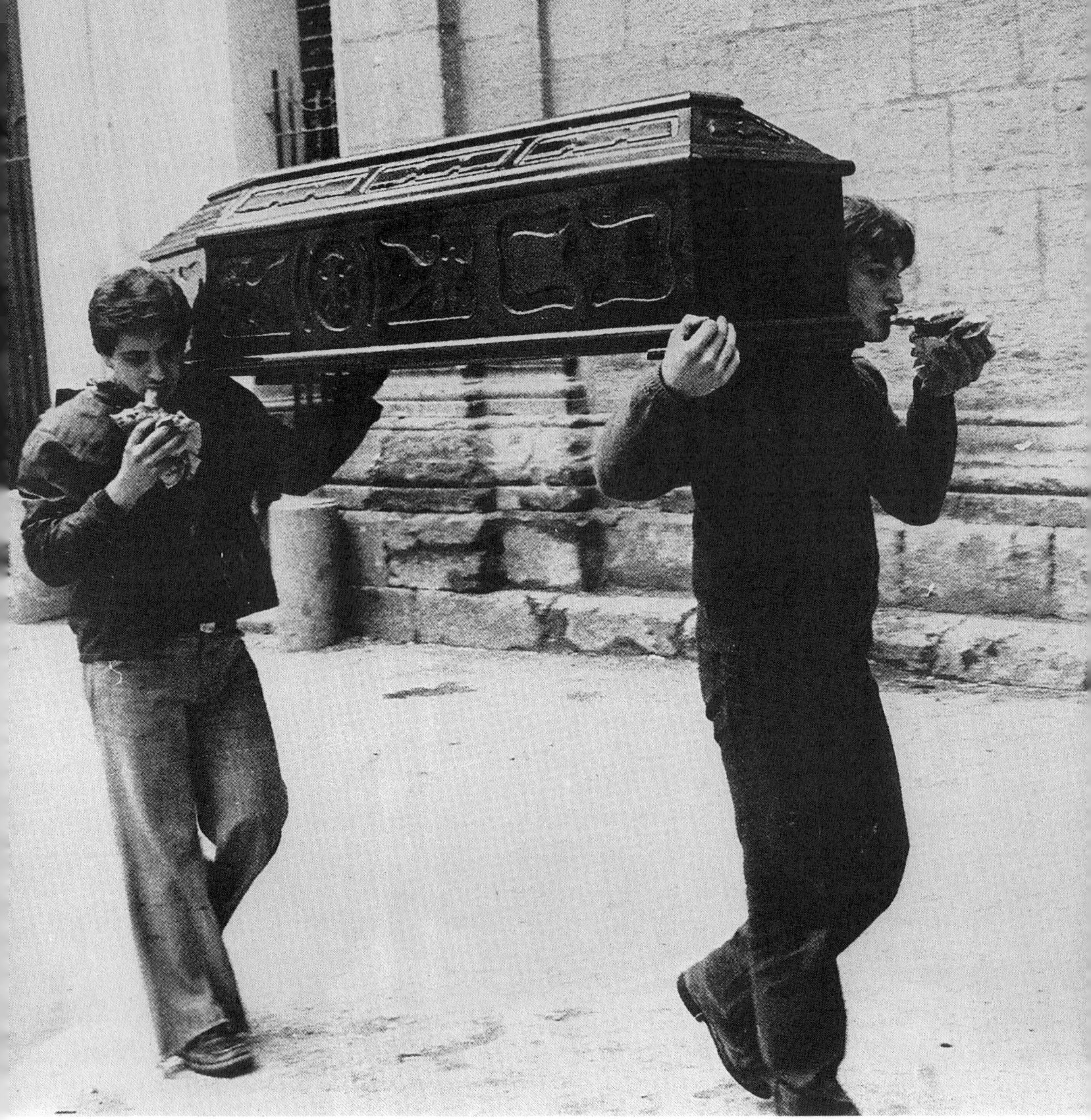

私たちは死となれ親しんでいるのだ。この写真は，私と同じように，ナポリ人の心の中心はエピクロス的だというテーゼをいつも主張している人びとによって，さらなる一つの論証となる。エピクロスは言っていたのだ，死は「じつはわれわれにとって何ものでもないのである。なぜかといえば，われわれが存在するかぎり，死は存在せず，死が現に存在するときには，もはやわれわれは存在しないからである」〔出隆／岩崎允胤訳『エピクロス』岩波文庫，1959年，67頁〕と。ナポリでは，こういう自然な出来事に対して深い諦念が支配している。そして，もちろんこれは次のことを考えれば矛盾していない。つまり，ナポリ人の価値尺度において結局のところいつも首位にくるのは健康なのである。

数日前，私の副管理人はこう言った。

「やあ，技師さん，昨日私はドン・ジェンナリーノ・スカペーチェの葬儀に行ってきました。じつにきれいな顔をしていたなあ！　横になっていて，すべすべした顔つきで，苦労の影もなかったのです。彼が安んじているのがよく分かりましたよ。」

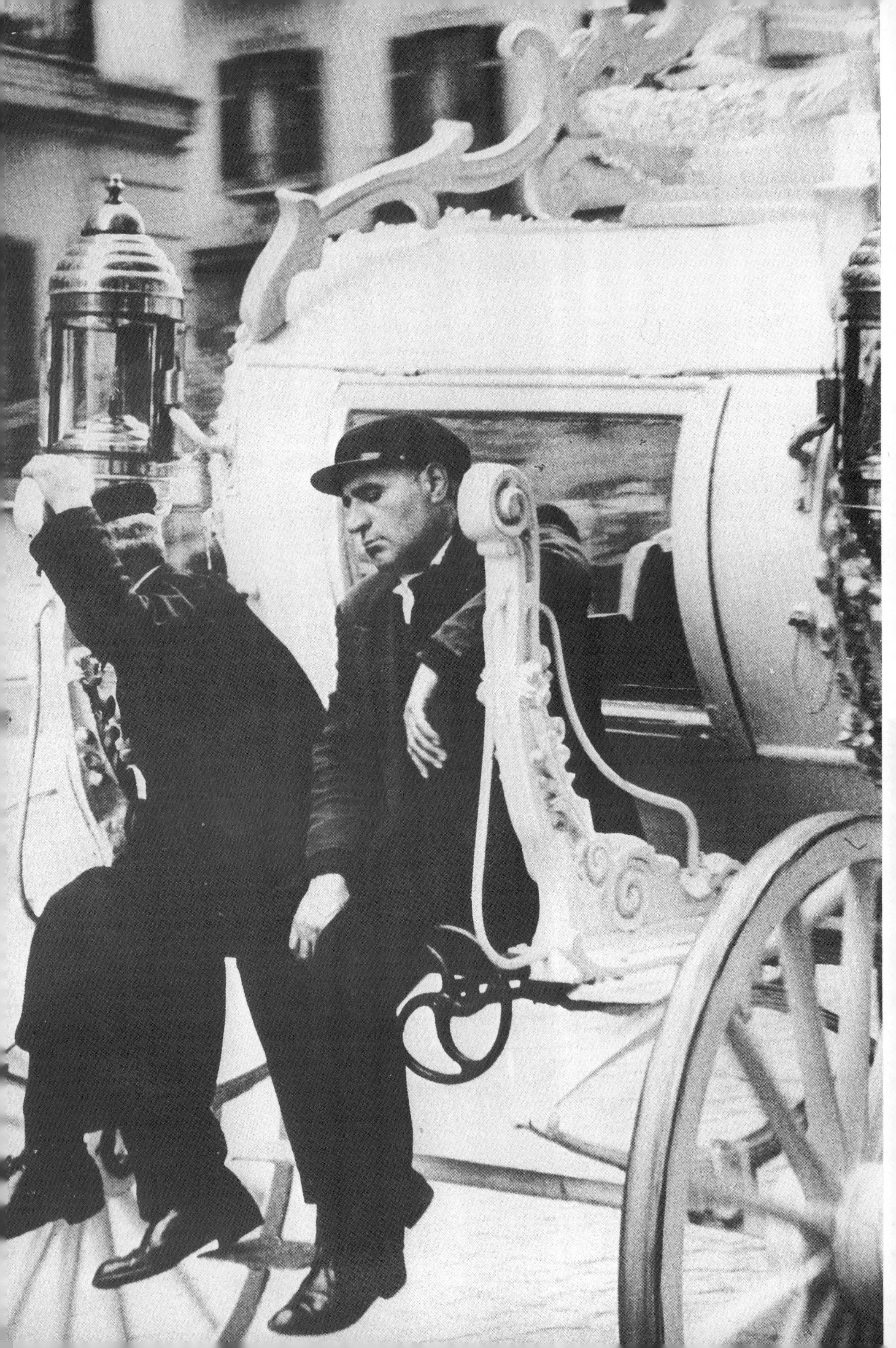

「親愛なるヴィンチェンツィーノ，どうして僕たちはこの地上にいるのか，僕たちはいったい何なのかね？」

「うん，僕は知っている。でも，今さら言っても始まらないよ。君はそんなこと考えるに及ばんよ。」

「いや，それじゃ楽し過ぎだ！　考える必要がある。何か出来事でも見なかったのかね？　不幸は突然振りかかり，まったく予期してない僕たちを巻き込み，なぎ倒す……」

「もういいよ，ラフェ，君はサルヴァトーレがひどく好きだったんだ，でももうあんまり考えないでおくれ。」(ma mò nun ce penzà cchiú)

「もう考えるなって？　よくもそんな言い方ができるね！　どうしたもんか？　僕は考えなくっちゃならんのだ。僕だって知っているさ，みんな死ななくちゃならんことは。」

「君が死なねばならんことをね。」

「僕たちが死ななくちゃならんことをだよ！　ただ一つのことだけを僕たちは知らないんだ，僕たちが死ぬときどんな感じなのか？　運命の書の中にどんなことが書かれているのかを？」

「君は葬儀に行くべきじゃないよ！」

「あの哀れなサルヴァトーレと同じ臨終を迎えることになるのかなあ？　心筋梗塞で，幕が閉じるのか？　あまりに急激にやってくるので，《マリア様，お助けください》と言う暇さえない。」

「神よ，慈悲を垂れ給え。」

「それともゆっくりした死……賦払い方式の……君の家族にも重荷になるような病気での死。後で過ぎ去れば，人はこう言うだろうよ，《このほうがよかったのです，可哀想に，とても苦しんでいたのですから！》って。」

「ラフェ，君は今朝，陽気な気分で起きたんだろうよ！」

「逆に，運命が僕たちに横死をもたらしたとしたら？」

「まっぴらご免だ。」

「間違って，道の真ん中で打ち殺されたら？　あるいは機内で生きたまま焼かれたら？　高速道路で正面衝突して押しつぶされたなら？」

「ラフェ，僕にはもう言う言葉もないよ。君は僕から死ぬ意欲さえつぶしてしまったんだからなあ。」
(Rafè, vuò sapè 'na cosa?　Me fatte passà pure 'a voglia 'e murí)

A 101 anni
si è spento serenamente
LUIGI ESPOSITO
e vulevo vedè
ca faceva pure storie!
L'esequie muoveranno mercoledi 14 alle ore 9
dalla Chiesa di S. Domenico Maggiore.

中道左派連合は 4 ％減
中道左派連合が勝利す
でも中道左派連合はいったい
何をしたというのだ？

SI CONFEZIONANO CAMICIE su MISURA
SI FANNO BUCHI · E SI APPLICANO BOTTONI
PICARDI

QVESTA CROCE
FV FONDATA NEL COLERA DEL 1836
DA P.° L.
RESTAVRATA NEL COLERA DEL 1884
DA G.° L.

どんな路地にも小礼拝所，キリストの十字架像，浄罪界の霊魂たちを納めたニッチ，お祈りのための聖人が存在する。どの聖人も老婆から世話されており，彼女は喜捨があるときには賽銭箱から回収し，花をすえ，ランプが切れると更新するのである。不幸のたびに，聖者，小礼拝所，キリストの十字架像の教が増えてゆく。

浄罪界はナポリ人にとっては,生と天国との間の不可避な一種の行程である。浄罪界の霊魂とナポリ人との間には,いつも一本の直線,中断されることのない対話,相互の了解が存在してきた。ナポリ人が主に祈るのは,浄罪界の霊魂が天国で一つの場所を見つけられますように,というためであるし,後者が祈るのは,この地上で別の"主人"がナポリ人のために一つの仕事先を見つけてくださるように,というためである。

奉納ニッチの内部では,炎の中で両手を合わせて祈っている,浄罪界の霊魂たちが認められる。いつも,ひとりの男,ひとりの女,そしてひとりの神父がいる。罪のない人間はいないからだ。

A DIVOZIONE DEI FEDELI

135

S. GENNA'
FOTTATENNE

1970年代の初めに，教会はサン・ジェンナーロを日々の聖人位のセリエAから，随意崇拝の聖人位のセリエBに降格したとの噂が広がった。このときのナポリ人たちの反応は迅速かつ断固としたものだった。つまり，ここの写真が示しているように，聖人の像に《サン・ジェンナーロをかまわないでおくれ》(San Genna' Fottatenne) という張り紙が現われたのだ。サン・ジェンナーロはこの忠告に従い，それを悪くとりはしなかった。すなわち，この聖ヤヌアリウスは奇跡を起こす聖人としての職務をほぼきちんと続行して，自らがそういう小っぽけなヒエラルキー問題より結局のところ上にいることを示したのだった。実をいうと，そういう降格はなかったのだ。何が起きたかと言うと，礼拝式のカレンダーを改革するのにつれて，教会は聖ヤヌアリウスの礼拝を先行の民衆伝統に富む場所でのみ義務的と見なし，逆に，ほかの場所ではこの聖人の崇拝を随意的と見なしたのである。換言すると，聖人の数は一年365日よりも多いものだから，各教区が9月19日（聖ヤヌアリウスの日）にどの聖人を崇拝するかを自由に決めてよいということだったのだ。たとえば，サン・ジェンナーロ自身と，その殉教仲間たちのエリオ，コロンバ，ポンポーザのうちから，選択することを可能にしたのである。

下町の民衆のコメント。「聖エリオ，聖女コロンバ，聖女ポンポーザをあんたたちはサン・ジェンナーロと比べるつもりなのかい？ いったいどこまでやるつもりなんだ！」

私が故郷の都の壁の外でサン・ジェンナーロのことを話すたびに，話相手はどういうわけか，いつも楽しそうな反応を示す。一種の微笑を浮かべて，「ご覧よ，この人はまだ奇跡を信じているよ！」って言わんとするかのようなのだ。多くの人びとはサン・ジェンナーロの血液が溶けることを信じないか，または，こういうことは幾世紀にわたって伝承されてきた何かのトリックのせいだと考えている。しかも同じ人びとが，たぶん星座の影響ならとことんまで間々誓うであろう。でも，ちょっと省察してみよう。まあ，6世紀もの歴史の間，司祭から司祭へとささやかれてきたトリックがだれからも外部に——たとえば……「エスプレッソ」誌とか「パノラマ」誌に——洩らされずにきたなどと。アレクサンドル・デュマも言ったことがある。こういう秘密を保持する能力は，"奇跡"よりもはるかに神秘的と見なされるべき，かつひどく驚くべき事情・状況であるにせよ。ところで，みなさん，あなた方には週末の一日をサン・ジェンナーロに割くことを勧めたい。5月最初の日曜または9月19日（場合によっては9月16日）にナポリにやって来て，早朝，大聖堂に出向きなさい。

7時半から8時の間なら，運がよければ，第1列目の席，それもひょっとしたら聖人にもっとも信心深い人びとの中に席を取れるかも知れない。サン・ジェンナーロの有名な"親族"は今日では残念ながらもういない。私が言わんとしているのは，ミサの最中に唄や祈りや連禱やののしりを交互に歌ったり口にしたりして，聖人に対して"奇跡"を起こすことを欲していた女たちのことである。私に報らされたところによると，エルネスティーナとかいう，この種の"パレンティ"のひとりがまだ存命とのことだが，インタヴューすることはできかねる。もう80歳を超えていて，ほとんど全盲に近いからだ。あなたはご覧になるだろう，枢機卿が祭壇の後ろの宝物庫から聖油入れの入った匣を取り出すのを。この聖油入れは半分ほど，黒くて，明らかに固い物質で詰まっているのをご覧になるだろう。枢機卿はその聖遺物匣を頭上高く持ち上げて，民衆に示すであろう。何十人という老婆たちが忘我の目つきでじっとその奇跡の血液を眺め続けているのをご覧になるだろう。独立テレヴィ局のカメラマンや技師たち，市の当局，NATOの若干の職員，いろいろの宗教に属するツーリストたち。それから突如，ひとりのナポリ貴族（当番の代表者）が聖なるハンカチを空中に揺らす。"奇跡"が起きたのだ！ 先の血液が赤くなり，膨脹し，民衆に"奇跡"を示すためにゆっくりと枢機卿が聖遺物匣を逆転させると，聖油入れの内側で血液が滑り落ちるのをご覧になるだろう。みんながひざまずく。男女，キリスト教徒，プロテスタント，通りがかりのユダヤ人，等々が。今や聖遺物匣は信者たちから次々と口づけされることになる。ポッツオーリの，やはり同じ聖人に献じられた小さな教会でも，この殉教者が斬首されたと言われている石の上の黒いしみ（血液？）が，同じときにより鮮やかな赤色に変色するであろう。紳士淑女諸君，私はここでユーフォーの話をだれかが見たとか，何の証明もできないものが存在しているとか言わんとしているのではないのだ。サン・ジェンナーロの"奇跡"は，アリタリア航空の出発時刻よりも当てにできる，しっかりした正確な時間表に従って起きるのである。やって来て，ご覧になり，そのうえでご自身で判断されたい。この"奇跡"は暑かろうが寒かろうが，蝟集した民衆の眼

前で，ときには漆黒のニッチの奥でも起きるのである。ことの真相は？　カトリック教会はこのことに関して何も表明することなく，私がここに書いているように，引用符つきで"奇跡"を眺め続けており，そのほか，信者にはもっとも気に入る解釈を自由にやらせっぱなしにしているのである。

私には確信がないが，どうやら自分の血液を溶かすことのできる聖人がまだ12人いるらしい。そのうちには，聖女パトリツィア，聖ステファノ，サン・ルイージ・ゴンザーガ，およびサンタアルフォンゾ・デイ・リグオーリが含まれる。これら聖人のうち10人はナポリにおり，ひとり，つまりサン・パンタレオーネは，その奇跡をローマで行っている。でもサン・ジェンナーロほど大勢の信奉者を従えることができた者はいない。リーダーシップの問題だ。

聖ヤヌアリウスの生涯と殉教に関しては，数々の説が存在する（サン・ジェンナーロ崇拝者たちのために付記しておくと，聖人の生涯については，*Atti Bolognesi, Atti Vaticani, Atti Puteolani, Atti di San Procolo*，ライヘナウ大修道院記録，ヨハンネス助祭の伝説，ラニエリ・エジグオ聖人伝，*Vita greca di Emanuele monaco*，その他多数の小文書に報告されている）。そのうちの若干，つまりもっとも印象的なものは，幾世紀をも通して伝えられ，民衆の空想力によって絶えず富化されてきた伝説だけである。他方，より真面目なものは，現存の僅かな史実を報告しているだけである。私個人としては，もっとも生彩のある説を物語り，その後では，古文書によって確実に証明されたものをもお伝えしたいという誘惑に抗しきれない。

さて，司教にして殉教者なるジェンナーロは，ローマの貴族ヤヌアリイ（Januarii）家の最後の末裔であって，ナポリの庶民的なフォルチェッラ地区に生まれた。年代記作者としての義務上，言及しておかねばならないのだが，ベネヴェントとニコテーラはこの聖人の出生地であると主張して譲らないでいる。とにかく確信できることは，ジェンナーロが殉教のとき33歳の美男子であって，1メートル80センチ以上の褐色の髪の毛を持っていたということだ。こういうすべてのことは，彼に献じられたカタコンベ（地下墓所）を訪ねたり，モンテ・ソンマとヴェズヴィオ山の間に彼を画いている6世紀のフレスコ画を眺めたりすれば，今日でも確認できるのである。ジェンナーロの時代はキリスト教信者には厳しい時代だった。路上で十字を切るだけで，いかなる裁判にもかけられることなく，ライオンの餌食にされたのだった。303年，皇帝ディオクレティアヌス［245-316］はニコメディアから第一番目のキリスト教徒迫害を公布したのであり，キリスト教徒狩りはかつてないほど無慈悲に行われたのである。このうえなく不幸なことに，当時カンパニアの執政官にティモテオスなる者がなったことだ，この悪逆無道者にとっては，ディオクレティアヌスの布令は願ったりかなったりだったのである。ディオクレティアヌスが305年にコンスタンティウスのために退位したとき，サン・ジェンナーロは今や事態が一変するものと考えて，自分の助祭だったソッシウスとプロコロスに朗報を伝えるべく監獄に赴いた。けれども，彼が今度は逮捕されて，ティモテオスの元に引き出されたのだ。この出会いがどう終わったかは，きっと想像することがおできだろう。ユピテル，マルス，メルクリウスを敬えという要求に対して，ジェンナーロは自らのキリスト教教育が命じるがままに応答した。すると，ティモテオスは先にも申し上げたように，アイヒマンのような男だったから，彼を燃えている窯の中に放り込ませたのだった。この第一の殉教はノーラで起きた。*Vita Sancti Januarii*（『聖ヤヌアリウスの生涯』）の伝えるところでは，サン・ジェンナーロが中へ放り込まれてから窯の扉が壁でふさがれたのに，1時間後には窯の中から歌声が聞こえたという。驚き，狼狽，恐怖！　ティモテオスに報告がなされ，兵士たちが壁を打ち壊すと，サン・ジェンナーロが合唱する天使群に囲まれたまま，何事もなかったかのようにまったく無傷でいるのを発見した（この点に関しては，ジュゼッペ・リベーラ著『ノーラの窯の中のサン・ジェンナーロ』を参照）。この奇跡のニュースが新たな神話を生じさせるのをはばむために，ティモテオスは腐敗した卵と果物を民衆に配って，われらが司教を侮辱することを思いつき，そしてサン・ジェンナーロを助祭のソッシウスおよびプロコロス（ボローニャ記録による），または助祭フェストゥス，さらには宣教奉仕者デジデリウス（ヴァチカン記録による）と一緒に，馬の代わりに二輪馬車に結わえるように命じた。ところが，ティモテオスが殉教者たちに馬車を引っ張らせようとして拍車をかけるために鞭を振り上げようとするや否や，その馬車は天使たちの群れによって空中にふわっと持ち上げられ，あっという間にポッツォーリに運ばれてしまったのである。このことに関しては，アンティニャーノ（まさしくこの場所に，今日ではきれいな小教会が建っている）で中途停止したと誓う人びともいるの

であるが，実を言うと，大半の伝記作者たちは空中に浮揚した二輪馬車の奇跡全体を否定するか，あるいは，ノンストップでノーラからポッツオーリへ飛行したことを認めたがるか，のいずれかである。だが，私たちのテーマに戻ろう。ティモテオスは生粋の一ローマ兵として，このような神の介在そのものから影響されようとはしないで，大地に足を置くや否や，キリスト教徒たちをポッツオーリの円形劇場の中の野獣たちへすぐさま餌食として放り込むように命じた。しかし，それは骨折り損だったのであり，熊たちはサン・ジェンナーロの足下にひざまずいたのだ。そして，5000人の異教徒たちが大挙してキリスト教に改宗しようと決意したのである。このとき，ティモテオスは気が狂いそうになったし，はっきり言うと，私たちとしても彼が間違っているとは思えない。なにしろ，哀れにも彼はそうこうするうちに盲目になってしまったからだ。けれども，サン・ジェンナーロはいつものように寛大だったから，主に対して，この残忍なティモテオスに視力がもう一度戻るようにしてくださいと祈った。ところが，この慈悲がもたらされるや否や，ティモテオスはこれとばかりに，ジェンナーロおよびその仲間たちの斬首の判決に署名したのだった。

私たちはかくて，305年の9月15日に到達したことになる。ジェンナーロ，ソッシウス，プロコロス，フェストゥス，デシデリウスの聖人たち，並びに，ローマ人の残忍行為に異議を唱えたふたりの見物人が，ポッツオーリのソルファターラ近辺で斬首された。サン・ジェンナーロの頭はポッツオーリ湾の中へ投げ込まれたのだが，伝説によると，ナポリの砂浜で再発見されたとのことである。ところで，血液はそのとき視力を回復した一盲人か，または，エウセビアという名の信心深い女性によって小さな油入れの中に集められ，保管された。殉教者たちの血を集めて保管することはこの当時，キリスト教徒の多くの女性たちが熱心に従った使命の一つだったのである。

ところで，私としては，聖ジェンナーロのこの生涯における明らかな誇張や，これが書かれている故意に軽い調子によって，読者諸賢が左右されなければよいが，と望んでいる。サン・ジェンナーロは実在したのであり，最近アルド・カゼルタ教授とガストーネ・ランベルティーニ教授によって記されたモノグラフィー(『サン・ジェンナーロの"奇跡"に対しての歴史と科学』，ナポリ，ラウレンツィアーナ社，1968年)によると，この教会殉教者に関して確実に知られることの

139

GUIDO SICURO PERCHÉ MI
SONO PATENTATO ALLA
AUTOSCUOLA S.GENNARO!!!
AUTOSCUOLA
"S.Gennaro"
AUTORIZZATA DALLO STATO
CORSO SPECIALE PER SIGNORA
Sede propria d'esame
VIA DUOMO

すべてを読むことが可能である。彼がベネヴェント市の司教だったこと，305年にガレリウスとコンスタンティウスの手で斬首されたこと，彼の遺体はマルチアーノという場所に葬られ，そこから431年にナポリの，彼の名に因んで付けられたカタコンベに移されたことが知られている。その後，この聖人の遺体ははなはだ多事多難な生をたどることになる。831年には，シコーネとかいうロンバルドのさる君主が遺体をベネヴェントに運び出したし，そこからさらに，別のだれかがはっきり時代は特定できないが，モンテヴェルジーネへ移した。1480年に大司教カラファによって再発見されるや，遺体はまたしてもナポリへ運び戻された。とはいえ，その前には，遺体を守っていた大修道院の修道士たちから執拗な抵抗に遭ったのである。実際，カラファは正真正銘の攻囲を遂行しなければならなかったし，やっと大修道院に突入したときには，本当に聖ジェンナーロの遺骨であることを全修道士たちに誓わせざるを得なかったのである。匿名作者のメモから私たちは，血液の最初の溶解が1389年8月17日にまさしくモンテヴェルジーネ大修道院で起きたことを知る。先に言及しておいたモノグラフィーの中で，ナポリ大学人体解剖学研究所の元所長ランベルティーニ教授は，この現象を生物学の見地から研究し，油入れの外側からのありとあらゆる研究——分光学的探究——を行っている。探究の結果，スペクトルは人の血のそれだ，とのことである。そしてちなみに，"奇跡"は長らく観察した結果，光や熱といった環境条件とは無関係なことが判明した。そのほかに言うべきことは？たぶん，ナポリ大聖堂の一介の修道士が私に言ったことくらいだろう。「あなたの意見では，この"奇跡"は本当ですか？」との問いに，彼は答えたのだ。「起きているのです」と。

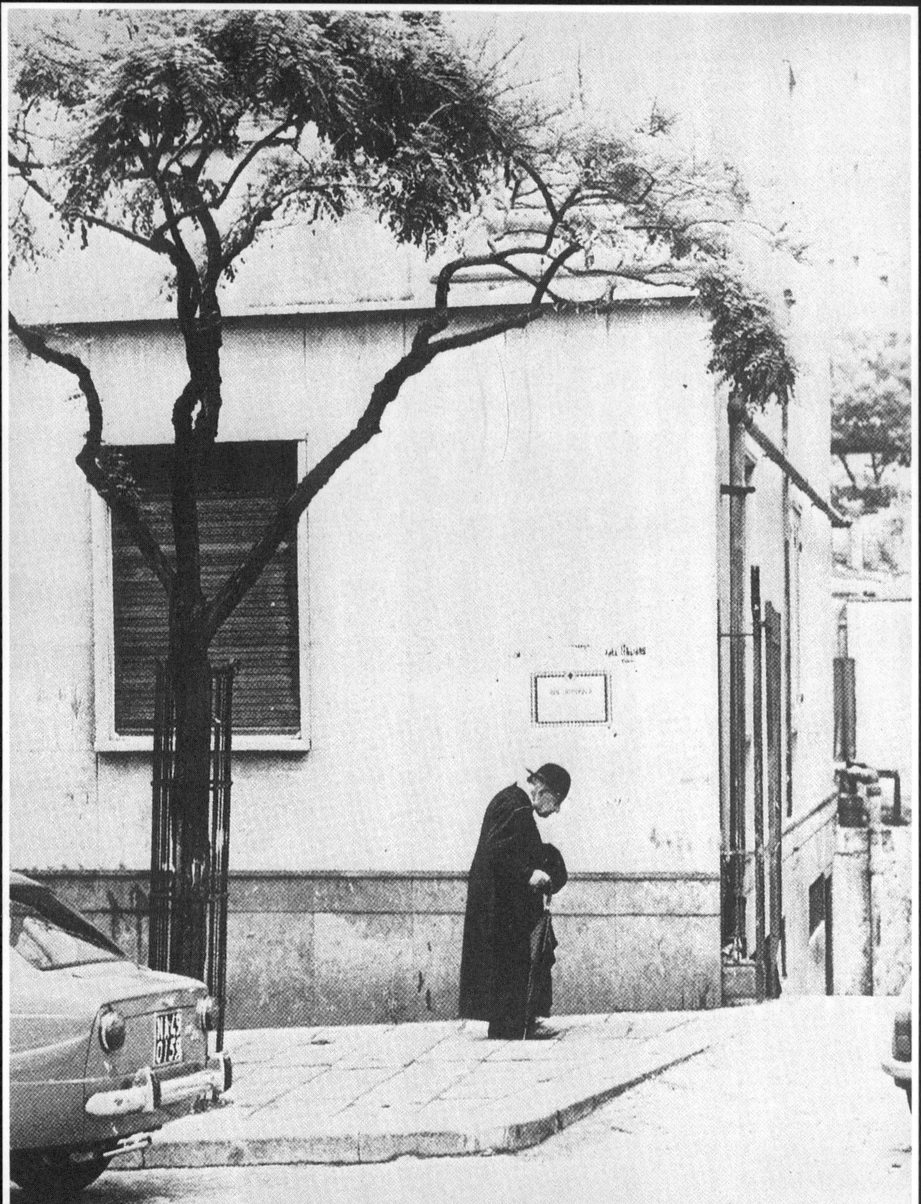

訳者あとがき

　原著は『ベッラヴィスタ氏のナポリ――私は年老いた両親の息子だ』なる表題の下に1979年に刊行された（1987年現在11版）。しかし，続刊予定の『クレシェンツォ言行録――ベッラヴィスタ氏かく語りき――』（ベッラヴィスタとはクレシェンツォのペンネームである）と対応させるため，題名を邦訳では変更することとした。レナーテ・ハイムブッヒャーのドイツ語訳も出ており，拙訳ではこれが大変参考になった。

　クレシェンツォは『物語ギリシャ哲学史』（Ⅰ，Ⅱ）（而立書房）に始まり，『疑うということ』（而立書房），『秩序系と無秩序系』（文藝春秋），『「オデュッセイア」を楽しく読む』（白水社），『愛の神話』（ビデオテーク，而立書房），『ローマの哲人と，人生を考える』（草思社），『物語中世哲学史』（而立書房）に至るまで，かなり紹介されてきたが，本書こそは『クレシェンツォ言行録』（而立書房近刊予定）と並んで，もっとも著者の本領――自伝――が発揮されている，注目すべき写真集である。著者のアングルはユニークだし，今日（2003年）のナポリからはもう姿を消したものもふんだんに撮られているので，地上の楽園とも言うべき"古き良きナポリ"の記念碑としても貴重な逸品となっている。

　訳出に当たっては，ナポリ方言はできるだけ原語をも添えることとした。また，写真の中に出ているイタリア語も必要に応じて訳出し，付記してある。理解を深めて頂くためである。

　早くから版権を取得しながら，身辺多忙のためひどく遅延してしまったことを，原著者ならびに書房の宮永捷氏に深くお詫びしたい。

　なお，クレシェンツォについては彼自身によるもの（而立書房近刊）のほかに，リッカルド・タントゥッリによっても伝記が書かれている（Roma：RTM, 1999）ことを付記しておく。

2003年6月28日

谷口　伊兵衛

クレシェンツォのナポリ案内
——ベッラヴィスタ氏見聞録——

2003年9月25日　第1刷発行

定　価	本体 2500 円＋税
著　者	ルチャーノ・デ・クレシェンツォ
訳　者	谷口伊兵衛／ジョバンニ・ピアッザ
発行者	宮永捷
発行所	有限会社而立書房
	〒101-0064 東京都千代田区猿楽町2丁目4番2号
	振替 00190-7-174567／電話 03 (3291) 5589
	FAX 03 (3292) 8782
印　刷	有限会社科学図書
製　本	大口製本印刷株式会社

落丁・乱丁本はおとりかえいたします。
© Ihei Taniguchi/Giovanni Piazza, 2003. Printed in Tokyo
ISBN4-88059-297-8 C0025